中华传统文化
丛书

Chinese Traditional Culture
Concise Reading

中国汉语文化

李开 著

CHINESE CULTURE
IN CHINA

南京大学出版社

图书在版编目（CIP）数据

中国汉语文化 / 李开著.—南京：南京大学出版
社，2020.11
（中华传统文化丛书）
ISBN 978-7-305-23887-1

Ⅰ.①中… Ⅱ.①李… Ⅲ.①汉语－文化语言学－研
究 Ⅳ.①H1-05

中国版本图书馆 CIP 数据核字(2020)第 208227 号

出版发行 南京大学出版社
社　　址 南京市汉口路 22 号　　　　邮　编 210093
出 版 人 金鑫荣
丛 书 名 中华传统文化丛书
书　　名 中国汉语文化
著　　者 李　开
责任编辑 胡　豪

照　　排 南京紫藤制版印务中心
印　　刷 南京京新印刷有限公司
开　　本 880×1230 1/32 印张 6.25 字数 147 千
版　　次 2020 年 11 月第 1 版 2020 年 11 月第 1 次印刷
ISBN 978-7-305-23887-1
定　　价 35.00 元

网　　址：http://www.njupco.com
官方微博：http://weibo.com/njupco
官方微信：njupress
销售咨询热线：(025)83594756

目　录

一 绪论

(一) 文化和中华传统的"文""化""文化"

从 20 世纪 70 年代起,文化问题日益引起人们的关注,"文化"一词成了学术界的最常用词。其中的原因,从中国国内来说,从 1979 年起,国家实行改革开放的战略,文化领域本来就是国际交往的热土,既要开放,文化交流就自然是热点。"现代化""国际化""全球化",无不有"文化"之义。从国际来说,冷战①结束后,进入文化大战的年代。国际社会围绕文化主权问题展开"争战",它反映和体现的不仅是意识形态、社会制度的较量,更是国际关系中的文化权力、文化意识、文化道路、文化发展前景的较量。文化在国际交往中的作用和地位,从来没有像今天这样渗透到方方面面。亨廷顿说:"随着冷战的结束……人们需要一个新的框架来理解世界政治,而'文明的冲突'模式似乎满足了这一需要。这一模式强调文化在塑造全球政治中的主要作用,它唤起了人们对文化因素的注意。在人类历史上,全球政治首次成了多极的和多文化的。"但他又说:"最危险的是不同文明中的主要国家之间发生的核心国家战争(Core State Wars);未来不稳定的主要根源和战争的可能性来自伊斯兰的复兴和东亚社会,尤其是中国的兴起。"等等。亨氏的这些观点,可以说为我国政界高层和学界人士广为熟知。亨廷顿戴着有色眼镜看中国和中国文化,着实令人讨嫌,但他把文化

---

① 冷战从 1947 年 3 月美国总统杜鲁门提出联合西欧各国共同对付苏联和东欧社会主义国家,直到 1991 年 12 月 25 日苏联解体为止。

热与冷战的结束联系在一起,则是确实的。

在"文化热"中,冷静者都希望"文化"有个定义,即回答一下"什么是文化"。有人统计,有关"文化"的定义已有一百六七十个之多,似乎再加一个也嫌多了。在诸多定义中,英国文化学家泰勒 1871 年在其名著《原始文化》中的定义备受关注:

> 就其广泛的民族学意义来说,是包括全部的知识、信仰、艺术、道德、法律、习俗,以及作为社会成员的人所掌握和接受的任何其他的才能和习惯的复合体。

这是一个全称判断的定义。后来美国哲人比尔斯父子在《文化人类学》(1993 年)中下了一个说明性的定义:

> 文化概念是 19 世纪、20 世纪的一大科学发现,其内容是,人类的行为之所以不同于其他种类动物的行为,是因为它受文化传统的影响和制约。

从人类学走向语言学的美国语言学家萨丕尔在他的名著《语言论》中讲了语言和文化的关系,并随之给文化下了定义①:

> 言语是一种非本能性的、获得的、文化的功能。
> 语言也不能脱离文化而存在,就是说,不脱离社会流传下来的、决定我们生活面貌的风俗和信仰的总体。

---

① [美]萨丕尔《语言论》,陆卓元译,陆志韦校订,商务印书馆《汉译世界学术名著丛书》1985 年 2 月北京重排第 2 版,第 4、186 页。

中国文化的经验论传统本来就不习惯于在"定义＝种差＋类"的范式中回答"是什么"之类的问题。再说，先秦并没有判断词"是"①，只有判断句式"……者，……也"等类。从语言哲学的视角看，判断句式固然反映古人的判断性思维方式，但其语言表达式所反映的内容则可能是描写的、叙述式的。"董狐，古之良史也"、"南冥者，天池也"和"都城过百雉，国之害也"等判断句，不完全是对某种需要说明的对象下定义的，倒是陈述、描写、交代、叙事性的。中国人喜欢回答"怎么样才是""怎样是"之类的问题。它也是定义，是着重从外延入手的描写性说法，与从内涵入手，回答"是什么""什么"之类的全称判断定义有别。下面是古人对"文""化""文化"做出的描写：

"文"，甲骨文乙六八二〇反作""，像正面站立着的人，胸前刻画有交错的花纹。"文"，纹字，纹身之纹。东汉许慎《说文》："文，错画也。象交文。"《说文》的文字背景是小篆，许慎本人没有见到过甲骨文，但他的解释基本上和甲骨文"文"字的本意保持一致，这是他的高明之处。在文化史上，这或许可以称之为隐性的文化传承。由甲骨文字形和《说文》的解释可知，"文化"之"文"的渊源，和带有宗教性质、用以自我保护的纹身有密切关系。

后来"文"的意义逐步发展，由纹身引申为文字。《左传·昭公元年》："于文，皿虫为蛊。"晋代杜预（杜甫的先祖）注："文，字也。"

又引申为文书典籍。《尚书·序》："古者伏羲氏之王天下也，始画八卦，造书契，以代结绳之政，由是文籍生焉。"

文书典籍当然应该包括文章在内，"文"又有了"文章"的意义。《汉书·贾谊传》："以能诵诗书属（读 zhǔ）文，称于郡中。"说贾谊从小

---

① 根据洪诚先生的研究，判断词"是"产生在西汉前期，如《史记·豫让传》："此必是豫让也。"参见《洪诚文集》，载《维诵庐论文集》第 2、5、6 页，江苏古籍出版社 2000 年版。

图 1 殷墟出土武丁时期牛胛骨卜辞拓本之一

就很有能耐，会写文章。属文，指写文章。

"文"又指礼乐制度。《论语·子罕》："文王既没，文不在兹乎！"朱熹集注："道之显者之文，盖礼乐制度之谓。"由朱熹的话，不仅知道"礼乐制度"是"文"，在更高一级的抽象意义上，"文"是"道之显者"。道，这里指儒家的思想、理念、学路，朱熹将"文"看作整个儒家学说的表现形态。

"文"还可以与其他概念或事物比较而获得意义。如：与"武""武功"对应而有"文治""文事""文职"等义。《尚书·武成》："王来自商，至于丰，乃偃武修文。"

又如与孝、悌、信、仁等道德行为比较而得义。《论语·学而》："弟子入则孝，出则悌，谨而信，泛爱众而亲仁，行有余力，则以学文。"文，艺文，技艺。

又如"文"与"质""实"等内容相比较，而获得外在形态、形式方面的意义。《论语·雍也》："质胜文则野，文胜质则史，文质彬彬，然后君子。"文，文彩。质，质朴。野，粗陋。史，因史官叙事简明扼要，此处喻指雕琢。彬彬，均匀协调，恰到好处的话。又"理"与"文"对比，"理者，实也，本也；文者，华也，末也"。以理为实，以文为表。

由以上可知，中国古代"文"的含义极广。"文"所指的文书典籍、礼乐制度等，已是典型的文化内涵了。

再说"化"。《说文》"变"字写作"化"的右半匕，并说："变也，从到人。"到，倒也。人倒过来，俗称"翻跟头"，意谓发生变化了。清代段玉裁《说文注》以"化"之右半边为"变化"，整个"化"字仉为教化。国学大师章太炎也说："化为教行。""文化"的"化"字，古书中从未见过写作"化"之右半边的，都是写作整个"化"字，可知"文化"之"化"，即教化、教行也。当然，又会有感化、化育、教育等义。不过，"化"之右半字后来不用了，"变化""教化"一律写作整个"化"字。唐代李贺《荣华乐》：

"当时飞去逐彩云,今日化作京华春。"这里的"化"字就是"变化"的意思。"化"字的教化、感化义最早出现在《尚书》中。《书·大诰》:"肆予大化诱我友邦君。"意即所以我要花大力气教化劝导我们友邦的君主。

"文"和"化"同时出现,最早见于《易·贲卦·象传》:

> 观乎天文,以察时变;观乎人文,以化成天下。

这里的"化"字就是"化育""教行"之义。

"文化"成为一个词,最早见于西汉末的经学家刘向《说苑·指武》:

> 凡武之兴,为不服也,文化不改,然后加诛。

这里的"文化"就是教育的意思,教育后不改正再论罪,不要不教而诛。

对汉语来说,一个词的意义常常就是成词语素的加合,这是汉语构词的语法特点和语义特点。将"文"的意义、"化"的意义加合在一起,再参酌已经成词的"文化"的意义,把它们汇集在一起,可知古代对文化的理解:文化是指用文字典籍、礼乐制度、道德规范来感化人、教育人。如果把这一理解与泰勒、比尔斯父子的说法相比照,也说得上"九九归一"了。原因有二:一是古人的高明,二是中国传统文化本来如此,亦所谓传统文化的现代性。要不是梳理古人对"文""化""文化"的理解,怎么会获得与近现代学者庶几相同的关于"文化"的内涵呢?

(二) 从语言文化到汉语汉字文化

有了对古代典籍中"文""化""文化"说法的了解,自然有助于我们把捉到中华传统文化的一些源头,这又加深了我们对"文化"的认识。

前面说到有关"文化"的定义再增加一个也嫌多了,但我仍要说一下"什么是文化"的问题。

文化是人类在物质领域、精神领域、语言世界领域自觉的主体实践创造的产物。这么说来,景泰蓝、青瓷是文化,人类的各种创造发明、学术著作是文化,各种语言文字,包括汉语汉字,更是文化。总之,文化不外乎物质文化、精神文化、语言文化三大宗。三大宗的共同特点是"人类自觉的主体实践的创造物"。这一说法不能说大,它不是海阔天空。大自然、自然生长物不是文化,因为它不是"人类自觉的主体实践的创造物"。当然不能说小,物质世界、精神世界、语言世界的文化都包括进去了。但一说及"文化"二字,就必须把握住它的本质规定:"人类自觉的主体实践的创造物。"

关于语言世界,我们似乎不太熟悉。但实际上我们每时每刻都在使用语言文字,因为习以为常了,就不去关心它,反思它。就像我们每时每刻都在呼吸空气,一刻也离不开水,但很长一段时间内我们根本不关心、不研究空气和水。直到快要危及人类生命了,才引起重视,才提出 pm2.5 检测标准。

语言世界不同于物质世界,也不同于主体世界,它是一个既有客观物质性,又有主体精神性的间性世界。德国著名存在主义思想家,西方后现代时期的学术大师,著名语言哲学家海德格尔(1889—1976年)说:"语言是人类存在的家园。"(Language:The last homestead of human beings)。这里的"last"还不是一般的存在,而是持续的、久远的存在。海德格尔几乎把语言看作和空气、水一样重要的东西了。他还写过一本书,书名叫《在通向语言的途中》①,意思是说,人类的一切创

---

① [德]海德格尔《在通向语言的途中》(修订译本),孙周兴译,商务印书馆《汉译世界学术名著丛书》(珍藏本),2009 年 7 月第 1 版。

造活动,都可看作"在通向语言的途中",借助语言这个工具来创造,最终以语言表达出来的成果为创造的目标。这几乎把人类的一切创造都看作是语言的创造,大有以语言世界来取代物质世界和精神世界之势了。

近年来,在海德格尔"语言是存在的家园"说和"通向语言"说的影响下,或者说在上个世纪 40 年代中后期发生的"语用学转向"说的推动下,西方学术研究少有不与语言研究方法挂钩的。语言问题成了西方 20 世纪以来人文科学关注的中心。生存论、知识论、方法论、文艺批评等,都试图落实到语言层面来解决。①

法国思想家福柯(1926—1984 年)就是力图用语言研究来解决思想理论问题的代表,他的知识考古学和历史谱系学,是从语言学入手的。他将知识考古、历史谱系,与语言文字一一相关起来,以此途径来解构传统的"启蒙"思想的许多重要说法,最后通向对资本主义现实理性的否定,在新的思想构架下,"设法得出使我们所思、所说、所做都作为历史事件来得到陈述的那些话语"②,到达新的批判性话语系统。

为了研究偌大的语言世界,语言学家们可谓动足了脑筋,最值得书写一笔的,就是瑞士籍的语言学家索绪尔。他在法国做研究时,提出了著名的语言与言语相区分的问题。他说:"语言是一般的、形式化的,言语是个别的、实体化的存在,语言犹如下棋的棋盘,棋子的行走路线图;言语是棋子和它行走时的定格点。"作这种扰人的区分,其实也好懂。譬如我们要研究海水,只能把它抽象出来做形式化的总体研究,不可能一点一滴地做具体研究;要研究地球,只能把它看作太阳系中的一个行星,通过与其他行星的位置关系做比较来研究,而不能拿

---

① 参见马钦忠《语言的诗性智慧》,学林出版社,2004 年 12 月第 1 版,第 67 页。
② 参见张一兵《批判与启蒙的辩证法:从不被统治到奴役的同谋——福柯〈什么是批判〉和〈何为启蒙〉解读》,载《哲学研究》2015 年第 7 期。

一个一个的土石方来研究。语言、言语的区分是 19 世纪最重要的学术成果之一。

如果说,索绪尔的语言、言语区分说还是属于纯语言学的,那么海德格尔对"语言说话"和"人的说话"的区分有较强的文化性,是属于语言文化世界的。海德格尔的"语言说话"相当于索绪尔的"语言",他从存在主义说语言是一种形式化普遍存在物的存在者自身(这句话就表明海氏把语言看作抽象的),是人类、人性的存在本体,"唯语言才能使人能够成为那样一个作为人而存在的生命体"。无怪乎海氏要把语言说成人类"存在的家园"。语言是人的逻各斯,"语言是最切近于人之本质的",是"人有所运思地寻视于存在物"所能"立即遇到的"。语言是人对内在心灵运动和指导这种心灵运动的世界观表达。研究语言就是研究人类,研究人性。语言和使用语言的人是世界存在的本体,研究语言就是研究整个世界。人类在"通向语言的途中",正是通向世界,通向人性,通向"诗意创造"的途中。而海德格尔的"人之说话"即人的日常言语表达,只能"把说话委之语言",相当于索绪尔的"言语"。在海德格尔的眼中,语言世界不仅仅是纯粹的语言、言语世界,而且是一个充满"诗意创造"的文化世界。

海德格尔的语言是"人类的家园"加"诗意创造",就是"诗意的栖居",这就把语言世界的文化性质讲彻底了。

诗,当然是诗人、文学家、美学家的专利,既然语言世界本身就是充满诗性的,艺术家、艺术理论家当然对语言世界的诗性有特别的爱好和欣赏能力。意大利美学家克罗齐沿着语言的"诗性智慧",或者说语言的"诗性哲学"开展了语言本身(语音、语法结构等)与美学之间的互动。他把自己的美学史著作起名为《作为表现的或一般语言学史的美学史》。他认为,美学史就是用美学观点对语言学史的体认过程,并认为这应当是美学史的自觉担当,无此即无美学和美学史。克罗齐在理论上完全把美学和语言学、美学史和语言学史紧紧地捆绑在一起。在语言要素的具体解释中,克罗齐完全用美的眼睛去看待它们。例如,他说言语,那是人的内在的激情被激发成外显的行为;说语音,那是把内在激情和幻想组织起来,并加以严格限定,不使变成一时的疯狂和空想;说感叹句、疑问句,是情感的显现和扩张,"诗意创造"就需要它们;说文法,那是形式美,远高于逻辑,文法是人自身的内在整体性的语言形式化,也是语言形式美的呈现;说言语作品和民族语文,那是不可重复的,不可蹈袭的,是民族的艺术品;说语文表达,充满着艺术的流动性;说语音音位系统,它是个有内在规则的有机整体,这与诗歌的有机整体具有同一性。①

有些语言学家,如索绪尔,把语言研究看作纯语言学的,但更多的语言学家不作"纯粹"观,却作文化观。美国人类学家萨丕尔所著《语言论》多有语言文化的论述,是人所共知的事。例如他说:"每一种语言本身都是一种集体的表达艺术。其中隐藏着一些审美因素——语音的、节奏的、象征的、形态的——是不能和任何别的语言全部共有的。"词是"适应人的实际经验的单位、历史的单位、艺术的单位",而句子是"经验的、艺术的心理对应物"。他还说:"语言是我们所知的最硕大、最广博的艺术,是世世代代无意识地创造出来的、无名氏的作品,像山岳一样伟大。"②法国堪称"纯"语言学家的房德里耶斯在《语言》一书中也描述过语言的诗性特征和文化性质:"人们不难理解要建立一种词的层次,用它们的诗歌价值来加以调整。""实际上,逻辑上组织起来的语法语言是永远不能离开表情语言而独立存在的。"词的"意义的

---

① 有关克罗齐语言美的概括,参见了马钦忠《语言的诗性智慧》,学林出版社 2004 年 12 月第 1 版,第 68 页。

② 见萨丕尔《语言论》,商务印书馆《汉译世界学术名著丛书》(珍藏本)2009 年版,第 29、202、206 页。

演变不只对心理学提供知识,对于各民族的社会状况也可以提供同样多的知识"。"共同语的形成,以及它们的发展和分裂都要受到语言以外的历史原因的制约,受到文化变迁的制约。"①

如此看来,不仅哲学家、美学家把语言看作诗意创造,诗性智慧,做足了语言世界的文化文章,连语言学家也很乐意把他们自己的领地看作诗和美的。总之,语言本身就是文化,语言世界是文化世界。

由以上可知,除了我们耳熟能详的物质文化、精神文化之外,还有一个不经意的偌大的语言世界的文化。世界各国的语言文字,包括汉语汉字,构成了巨大无比的语言世界。语言文化、汉语文化,是隶属于语言世界的文化。这是汉语汉字文化的文化学定位和归属。那么,做这样的定位和归属有何价值呢?

首先,汉语汉字有了自己的文化谱系,它属于语言世界文化,不必再叩问它到底是物质文化,还是精神文化。你说它是物质文化,有马克思的话为证:"'精神'从一开始就很倒霉,注定要受物质的'纠缠',物质在这里表现为震动的空气层、声音,简言之,即语言。"你说它是精神文化,也有马克思的话为证:"语言和意识具有同样长久的历史,语言是一种实践的,既为别人存在,并仅仅因此也为我自己存在的现实意识。语言也和意识一样,只是由于和他人交往的迫切需要才产生的。"②确实,汉语汉字作为人类语言的一种,既有它的物质文化性质,也有它的精神文化性质,现在把它看作语言世界文化中的一种,更贴近汉语汉字的本真,更直接,更实际。

其次,把学科本体研究拓宽为学科文化研究。正如一部文学作品是精神文化,正可以从主体精神领域/文学领域进行本体研究,也可以

---

① 见房德里耶斯《语言》,商务印书馆《汉译世界学术名著丛书》2012年版,第162、179、251、329页。

② 《马克思恩格斯全集》第三卷,第34页。

加以发抒,从精神文化/文学文化进行文化学研究;以汉语词义为例,同理类推:汉语词义既可以从语言世界/汉语词义学对词义作本体研究,指明它的本义和引申义,也可以加以发抒,从语言文化/汉语词义文化加以研究,寻找它的历史文化质料因和现实文化质料因。

第三,正如精神本体/文学本体与精神文化/文学文化都统一在精神世界/文学世界中,即本体研究与文化研究统一在一起,汉语词义本体研究与文化研究统一在一起。不必以前者来排除后者,更不必用后者来消解前者。在更为广袤的文化视野内,甚至可以将词义本体研究、汉语词的本义、引申义研究都看作是文化研究的一部分。为此,本书在任何一个汉语汉字文化用例的研究中,都不把它的本体研究成果和研究方法排除在文化之外。

第四,正如克罗齐以美学的眼光来看待语言世界,海德格尔以哲学的眼光看待语言世界,都把语言看作"诗意创造""诗性智慧""诗性哲学"。语言世界、汉语汉字世界,也和物质世界、精神世界一样,充满着美,需要我们用美的眼睛去发现它,以掘进总体文化的深邃性,开拓语言文化的广袤性。正因为如此,才有"看懂中国字,读懂中国心"之类丛书的编纂,它们是:《汉字中的符号之美》《汉字中的人文之美》《汉字中的礼仪之美》《汉字中的生活之美》《汉字中的自然之美》《汉字中的历法之美》《汉字中的建筑之美》等研究,总命题是"美不胜收的汉字世界"。①

---

① 王元鹿《美不胜收的汉字世界》,载《光明日报》2015 年 11 月 3 日第 11 版"光明阅读/书林"。

二 汉语词汇学

从 1898 年《马氏文通》开始,汉语逐步建立起自己的词汇学系统、语法学系统,逐步摆脱逐字逐句训释的传统,这是汉语研究史上的重大革新。到今天,经过一百多年的努力,汉语的词汇研究系统、语法研究系统都比较完备了。汉语的文化研究,应该从这两个科学系统进入,不该只满足于某几个词语、几个句子的个别的经验解释所提供的文化素材,而应该寻求它们各自系统的文化性质。

(一) 词的性质、类型

从前只讲字,不从研究对象是语言而不是文字出发讲词。《马氏文通》也只讲字:名字、动字、实字、虚字,等等。就是因为汉字作为记录工具适合汉语,汉语与汉字、记录与被记录、对象与工具之间天衣无缝,和谐相宜,弄得人们难分彼此,或认为不分反倒好,分了说不清,以致需要语言科学对那"不分"之说进行解蔽:汉语归汉语,汉字归汉字,研究对象归研究对象,记录对象的工具归记录对象的工具。以人类自己最清晰的思维将人类精神领域的某些极易相混不分的存在严格区分开来,这是现代科学文化的要求。词本位还是字本位问题,对西语来说是不会发生的,西语只有口语语词和记录下来的书面语词,没有口语语词和书面字之别,26 个字母必须连成词,表征才有意义。汉字可不一样,《说文》有 9593 字,唐代孙愐《唐韵》已达 45000 多,《广韵》有26194 字,金代《五音集韵》53523 个字,《洪武正韵》以毛晃所定为准,有 12146 个字,《康熙字典》有 49030 个字,等等①。这大量的汉字中,

---

① 参见[清]阮葵生《茶余客话》,上海古籍出版社 2012 年 12 月第 1 版,下册,第 384 页。

不少是单音节词。如《毛诗》就有 39124 字，《尚书》就有 25700 字，《周礼》45806 字，《礼记》99020 字，《周易》24207 字，《论语》12700 字，《孟子》34685 字，《孝经》1903 字，《左传》201350 字，以上"九经"合在一起有 484495 字[①]。这近 50 万个字中，绝大多数是单音节词，也有部分双音节词，而非孑然一字。

什么是字呢？汉字是形音义的统一体。《说文》其实首先是形书，《说文解字》首先是"说文"，独体为文，合体为字。"说文"之"文"其实就是文字的形体。"文"的甲骨文不就是个纹身的形状吗？再则，"文"属于最早的一批古字，它们是仓颉时代就有的象形字、指事字（其本质是在某个形体上再指示一下，如"刃"字，象形字当是指事字的母体）。但许慎在具体说解时总是按"义、形、音"的次序，而始终没有将解释形体放在首位。原因就是 9 千多个字在上述 50 万字的经书中运行，"五经无双"的许叔重以解经为职志，说"文"解"字"，连着解经。还有一种解释，认为《说文》中的字义先在于经书。理由是，以"文"为基础的象形，指事"可以直接表达'种类'与'事类'的存在，因此严格说来，汉字不是记录语言的符号系统而是表达存在的符号系统，就其源头而言，汉字符号是前语言的，至少也是与语言符号系统分轨并存的以展示存在为目的的符号系统。汉字在表达语言之前已经指向了存在本身，它是指向了事物存在的'这个'，而不是语言言语的'那个'，这正是汉字符号系统与欧洲字母符号系统的根本区别。"[②]其实，说《说文》中文字之义是事物的存在之义，与说《说文》字义概括了经书相关字的字义，是不矛盾的。《说文》之"文"表达存在意义，是文字的本体意义，《说

---

① 参见[清]阮葵生《茶余客话》，上海古籍出版社 2012 年 12 月第 1 版，下册，第 207 页。一说《论语》有字 15918 个。

② 参见顺真《许慎〈说文解字〉的逻辑——认知构造》，《哲学研究》2015 年第 52 页。

文》文字义存在于经书，又从经书抽绎而出成《说文》文字字义，是价值意义、功能意义。两者是从不同视角而言，并不矛盾。

什么是词呢？这当然应当由现代语言学来回答。词是最小的能够独立运用的语言单位。如："我在澳门。"有三个词：我、在、澳门。都是最小的，不能说"澳门"一词还可分开以使最小，说"门"字最小，那已逃逸出语言之外，没有意思了。能够独立运用，这三个词在别处都可以用，且用之无数次也不受磨损，它是耗散结构，永远发散使用不完；它本身是整一独立结构，可备随时发散使用。

词还是个语言单位，故"澳门"一词不能再拆分。《红楼梦》第26回，袭人叫宝玉不要老打不起精神睡懒觉，出去走走。袭人道："你出去了就好了。只管这么葳蕤，越发心里烦腻。"这里，"葳蕤"是一个语言单位，"萎靡不振"的意思。你总不能发问说，"葳蕤"这个字（或这两个字）什么意思？同样，"烦腻"也是一个语言单位，也不能作为字来提问。但"葳蕤"是一个词，双音节单语素词，而"烦腻"是双音节双语素词，整个词义是"烦恼，烦恼腻味"，是由语素"烦"的意义加语素"腻"的意义合成的。一般说，汉语一个字（一个音节）一个语素，例如"南京大学"这个不可拆分的专有名词由四个语素（南、京、大、学）组成，四个字；而"葳蕤"偏偏是一个语素，两个字。原因是，语素是属于语言的，字是属于文字的，两个不同领域的概念，很难比较。正所谓"道不同不相为谋"呀！汉语中大量双音节词是意义相同或相近的双语素耦合而成的，给人的错觉可以作为"这两个字是什么意思"来提问，其实是不可以的，它们是一个完整的不容拆分的词（拆分后变成语素了）。例如：时空、奔赴、提携、安慰、偕同、忍耐……

其实，在古籍中，词与字从来就是有区分的。韩愈《归彭城》诗："言词多感激，文字少葳蕤。"词与字不可颠倒，颠倒后恶不可解。清人有《题三苏祠联》："一门父子三词客，千古文章八大家。"词决不能换成字。如在各自的外延中看它们的区别:汉语词在诗文创作中锤炼其精,汉语字在书法中升华其美,两者互不相干。只有苏东坡的学生黄庭坚是大书法家,成了大诗人之后,才悟得"书家三昧",有云:"黄山谷论作字,心能转腕,腕能转笔,肥字须有骨,瘦字须有肉,为书家三昧。作诗成家后,方悟此妙。"至于作诗文的遣词工夫,陆游《夜吟绝句》可算讲到家了:"六十年来妄学诗,工夫深处独心知。夜来一笑寒灯下,始是金丹换骨时。"人云:"人人皆有此火候,惟所炼之丹不同耳。"诗文用词须精准,那是"金丹换骨"的工夫呀![①] 诚然,古代的"词"是虚词,《楚辞·九歌》:"蹇谁留兮中洲。"王逸注:"蹇,词也。"这里的"蹇"是助词,句首发声词,无实义。

词的性质"是什么"确定后,就要来研究它"怎么样"。现代科学的"怎么样"之描写研究,最好就是对它进行分类:从音节分,有单音节词和多音节词;从拥有的义项来分,有单义词和多义词;从构词能力的强弱来分,有根词和非根词;从词拥有的语素的多少来分,有单纯词和合成词。

单纯词是由一个语素构成的词,主要有以下几类:

单音词,如:书、水、火、日、月等。

音译外来词,如:胡同、巧克力、席梦思、奥林匹克、刹那等。

连绵词,如:葳蕤、芙蓉、逍遥、龌龊、倜傥等。

叠音词,如:猩猩、萧萧、漫漫、悄悄等。

合成词是由两个或两个以上的语素构成的词,主要有四大类、十大型。

四大类之一:复合式。复合式是由两个或两个以上的词根语素构

---

① 有关黄山谷"书家三昧"和陆游作诗须下"金丹换骨"的工夫,见[清]阮葵生《茶余客话》,上海古籍出版社 2012 年 12 月第 1 版,上册,第 235、260 页。

成的一个词。按词根语素之间的关系可分五种情形——

联合型：由两个意义相同、相近、相关或相反的词根语素并列组合而成。例如：改革、精准、奔腾、出纳、桃李。

偏正型：由两个有修饰和被修饰关系的词根语素组成。例如：主见、汉语、导师、蜂拥、国学。

补充型：由两个有补充、说明和被补充、被说明关系的词根语素组成。例如：改善、提高、说明、花朵、时分。

动宾型：由两个有支配和被支配关系的词根语素组成。例如：在职、知己、合理、伤心、立春。

主谓型：由两个有陈述和被陈述关系的词根语素组成。例如：心焦、民营、地震、日食、冬至。

四大类之二：附加式。附加式是一种由词根语素和附加语素构成的合成词。按附加语素的位置可分三种情形——

前附加型：附加语素在前，词根语素在后。例如：初一、第二、老虎、小姐、阿哥。

后附加型：附加语素在后，词根语素在前。例如：钳子、花儿、盼头、记者、现代化、创造性、宇航员。

中附加型：附加语素居中，词根语素在前后两端。例如：糊里糊涂、小里小气、古里古怪。

四大类之三：重叠式。重叠式是一种由两个相同词根语素构成的合成词。例如：爸爸、妈妈、星星、刚刚、偏偏；星星点点、花花绿绿、老老实实。

四大类之四：减缩式。减缩式是一种将短语用压缩的办法组成一个合成词。按压缩的办法可分两种情形——

简称：基本建设/基建、奥林匹克运动会/奥运会

数缩：春分夏至秋分冬至/两分两至

无疑,上述似近繁琐的说法也是语言世界的文化内容,且在语文改革、语文教育近百年后的今天,它们已成为普及性的文化内容。

由以上汉语词的三大要义(最小、独立运用、语言单位)说明,单纯词四大类,合成词四大类、十大型的描写,我们看到汉语词、词的类型及其构成的研究是逻辑作业过程,是语言哲学的具体化,是形式逻辑转化为语言逻辑,再转化为语言理论,再直接再现现代汉语词、构词系统的过程。现代汉语语法是以美国语言学家布龙菲尔德为代表的描写语言学在汉语研究中的运用,以上"3+4+4+10"的"是什么"的说明(说明也是描写)和"怎么样"的描写,就是对汉语描写语言学的最具体切实的说明之一。

事实证明,有这个"3+4+4+10"系统与没有它是不一样的。因为在现代科学的理性审判台面前,有了它,汉语研究摆脱日常经验事实的繁琐絮叨,进入形而上的理性系统,随时可以调动作业,凌驾于经验事实之上,对原本只能絮叨者进行系统化。

以上对汉语词和构词系统的描写,虽然是"舶来品",但在汉语史的研究中,相关课题的研究不乏中国故事。

例如:音译外来词,刘师培把它叫作"丐词"。一看这个名称,会让你联想到,这类词是从别人那里乞讨来的吧!刘著《中国文字流弊论》说:"自武后、刘俨造新字以来,久为世儒所诟病,不知此无足病也。古人之造字,仅就古人所见之物为之,若古人所未见之物而今人见之,其不能不别创新名也明矣。中国则不然,物日增而字不增,故所名之物无一确者。今者中外大通,泰西之物多吾中国所本无,而乃以本有之字借名之,丐词之生从此始矣。"有三点可予注意,一是武则天造字无可指责;二是从"所名之物无一确者"看,仅当音译词,因外来词还有仿译词(含义,如"足球")、意译词(如"火车");三是刘主张造新字以译外来新物名。后来像"咖""啡"二字就是新造的,为了翻译佛经,新造了"魔""忏""塔""呗"等字。向外面乞讨新词,引进外来词,"丐词"无可厚非。何九盈先生说:"近一百多年来的翻译又成为现代汉语书面语的重要组成部分,这已经是无可辩驳的事实。"①自己找来的"丐词"是汉语词汇的重要组成部分。

又如叠音词,前人从不同角度关注到了。顾炎武《日知录》卷二十一"《诗》用叠字"条:"《诗》用叠字最难。《卫·诗》:'河水洋洋,北流活活,施罛(gū 鱼网)濊濊,鳣鲔(zhān wěi 鲟黄鱼)发发,葭菼(jiā tǎn 芦荻)揭揭,庶姜孽孽。'连用六叠字,可谓复而不厌,赜而不乱矣。"又如关注到人名:"妇人名如男子者,蔡琰、薛涛、崔徽;美人连字名者,莺莺、好好、红红、赛赛之类。既有裨于风雅,复又与世无忤,取乐杯酒之间,何其适也。"②

至于连绵词物名,因不能见词明义,有所不便,前人往往另取他名以解释之,对应之。如"娑罗"(花名),云:"娑罗花,佛日盛开,每朵十二瓣,遇闰辄多一瓣,故云月木。"又如"文无""芍药",云:"荷包牡丹,即当归花。崔豹《古今注》:'古人相赠以芍药,相招以文无。文无,即当归也。芍药,将离也。'"③其余如鸳鸯草又名金银花,鹭鸶藤又名忍冬花,蝴蝶花又名紫端姜。茉莉花,由印度传入,亦连绵字名,起初有多种写法,"莫利、没丽、没利、抹厉、末莉、末利、木梨",几不知所从,后《本草纲目》作"茉莉",后人遵之。又名香魂花。花草异名,往往缘此。

① 何九盈《中国现代化进程中的语文转向》,语文出版社 2015 年 8 月第 1 版,第100 页。
② [清]刘廷玑《在园杂志》,上海古籍出版社 2012 年 12 月第 1 版,第 130 页。
③ 相关材料见[清]阮葵生《茶余客话》李保民校点,上海古籍出版社 2012 年 12月第 1 版,第 493 页。

（二）词义和概念

词与字不同，词义与概念不同，两大不同凸显词、词义的基本属性。词义与概念有纠结，"水"的词义与水的概念相同。但词义属于语言学范畴，作用在于交际，概念属于逻辑学（论理学）范畴，作用在于认识。两者并不对等。有些词只有词义，没有概念，如：关于、如果、自从、很、太、最。有些概念不对应词，对应词组、短语，如：自主创新、科学发展、中国梦。词义有附属色彩，情感褒贬随时可见，没有概念，是情性的。比较之后专说词义，则词义的性质有：概括性、客观性、社会性（民族性）、模糊性。这些概念的表达，因汉语见词明义的特点，理解上一般都没有多大难度。同样，汉语词义的类型有理性义和色彩义（包括感情色彩、语体色彩、形象色彩）、本义和引申义、基本义和一般义。各自两两相较而区分之，互补依存统一之，既因汉语见词明义的特点，又因两两相较而明晰凸显，理解上似乎也颇容易。

上述词义三大块：词义与概念不同、词义的性质、词义的类型。集中在"什么是词义"的词义内涵上讲论，这其中最重要的文化理念是区分词和概念，而中国人早就懂得，尤为重视。"名"的含义的考量就是铁证，相关的文化故事是不少的。例如：

关于词和概念的纠结，前人早已有说。"名"一指概念和客观事物的名称，概念和头脑中认识了的客观事物是一致的。《墨子·经说上》："声出口，俱有名，若姓字。"清代孙诒让引张皋文注："物之有名，如人之姓字。""名"又指语言中的单音节词。许慎《说文叙》："字者，言孳乳而寝多也。"段注："《周礼·外史》《礼经·聘礼》《论语·子路篇》皆言'名'，《左传》'反正为乏''止戈为武''皿虫为蛊'皆言'文'，六经未有言'字'者。秦刻石'同书文字'，此言'字'之始也。郑注二《礼》《论语》皆云：'古曰名，今曰字。'按'名'者，自其有音言之，'文'者，自其有形言之,'字'者,自其滋生言之。"段注的意思是,《周礼》等书中的"名",《左传》中的"文",秦刻石、郑玄注中的"字",都是语言中的"字",亦即单音节词。古代的"名"既指概念,又指单音节词,概念和词义在"名"下难分难解,但还是应该分清,也能够分清的。

《论语·子路》篇讲到子路问孔子,要是应卫出公的邀请到卫国从政,你老先生先做什么? 孔子答:最要紧的是"正名"这件事。子路认为这太迂腐了。孔子批评了子路粗野无礼,并说:"名不正,则言不顺,言不顺,则事不成……"又说:"故君子名之必可言也,言之必可行也,君子於其言,无所苟而已矣。""正名",纠正名分,这里的"名",就是概念。"名不正,则言不顺"之"名","名"与"言"(言语,说话)相对,"名不正"当为"用词不当","名",语词。用词不当就说话不顺,说话不顺就办不成事情。故君子对于正确的名称必定可以顺当地说出来,说出来了就一定要付之行动,君子对于自己所说的话,没有随便苟且、不讲严肃的地方。由以上可知,在"正名"中"名"是概念,在"名正言顺"中"名"是用词,概念与词相纠结,但两者是可以分清的。两次提到"君子",君子是古代为人处己的优秀分子,几可达到与圣人齐平的人生境界。孔子把用词正确,说话顺当,无所苟且,作为君子的要求,可知矣!

最有意思的要数公孙龙的"白马非马"论了。"白马",白色的马,是个定中结构,中心词是"马",故从语言分析看,应该是"白马是马",而不是"白马非马"。可是公孙龙说:"马者,所以命形也;白者,所以命色也;命色者非命形也,故曰:白马非马。"意思是说,"马"是命名形体的,"白"是命名颜色的,命名颜色与命名形体是两回事,故"白马非马"。从语言表达看,应该说"马"与"白"色是两回事,而非"马"与"白马"是两回事,白马是马的一种呀! 公孙龙又说:你要说找马,黄马、黑马都可以;你要说找白马,黄马、黑马就不行。要是白马是马,找马与找白马就成了一回事,那白马与马就没有区别。那你要找马,当然可以给你黄马、黑马，找白马，也给你黄马、黑马，你答应吗？前者可以，后者不可以，"可与不可，其相（外部形态、类别）非明"，故黄马、黑马可从属于马，但不能从属于白马，"是白马之非马，审矣"。这说明"白马非马"的说法是审慎可取的。这里，公孙龙完全是从逻辑上讲的，黄马黑马白马是马的一种，马是它们的类，下位概念的种与上位概念的类是两回事，种与类不同，散名与共名是两回事，故"白马非马"。从逻辑上看，种属下位概念与大类上位概念不能混淆，"白马非马"是对的。但问题是，类概念对属种概念是包含的，属种概念具有类概念性质的一部分或大部分，黄马、黑马、白马都具有马的性质的一部分或大部分，把白马完全排斥在马之外是不合适的。故后期墨家对此做了补正，《墨子·小取》："白马，马也；乘白马，乘马也。"

由以上可知，语词分析、词义分析与纯逻辑分析是不同的，但不可截然对立。公孙龙"白马非马"论存在不少问题，但它是上古对逻辑分析的可贵探索，对概念分析做了有益的尝试。例如，将"白"独立出来，严格区分种概念与类概念，这本身就表明公孙龙十分强调"白色""白马""马"这些概念的实在性，这是就"实在论"对"形而上"问题的探索和思考，非常可贵。另外，还告诉我们，对语言的正确理解，语言分析是正确理解的第一工具，前述词义三大块的有理论价值和实践价值。有了词和概念的区分，有了词义分析，可以更准确地理解《论语》"正名"说，可以防止陷入"白马非马"的逻辑怪圈。西方有人为了解释"白马非马"的悖论，提出了"使用—提指"①区分来分析它。"使用"指用何种直接与事物对象相系的言词，"提指"仅指言词自身，直接与表述相关，认为公孙龙的错误就在于不知道"使用"言词与"提指"言词的区分。其实，"使用"言词既与事物对象相系，它是概念；"提指"言词重在

①　参见江向东《〈公孙龙子·白马论〉新诠》，《哲学研究》2015 年 12 期，第 47 页。

表述,它是语词。"使用—提指"区分说到底也是概念和词义的区分,如同我们解读《论语·子路》把两者区分开来那样,可以防止纠缠,理顺文意。区分词和概念,是汉语词义中的重要问题。它对词义解释的重要,可以《论语·子路》"正名"论一段的语言理解为例;它对逻辑分析的重要,可以《白马论》"白马非马"悖论的纠错为例。

《左传》《国语》里有许多词义辨析(含词组义),例如:

《左传·隐公四年》:"石碏(què),纯臣也,恶州吁而厚与焉,'大义灭亲',其是之谓乎!"卫州吁杀卫桓公自立为君,又残暴地对待百姓,卫大臣石碏的儿子石厚是卫州吁的帮凶,石碏借助陈国的力量诛杀州吁和石厚。《左传》称石碏之举是"大义灭亲"。

《左传·隐公五年》:"故讲事以度轨量谓之轨,取材以章物采谓之物。不轨不物,谓之乱政。"讲习大事以制度规范衡定之,称之为合规范;选取材料以表彰礼仪实施的光辉称之为合礼制。不合规范,不合礼制,称之为乱政。解释了"轨""事物之理(礼)""乱政"。

《左传·桓公元年》:"嘉耦曰妃,怨耦曰仇,古之命也。"好配偶叫妃,坏配偶曰仇,这是古代的名称。

《左传·僖公二十四年》:"耳不听五声之和为聋,目不别五色之章为昧,心不则德义之经为顽,口不道忠心之言为嚚(yín 奸诈)。"

《国语·周语上》:"兽三为群,人三为众,女三为粲……夫粲,美之物也。"

《国语·周语下》:"夫敬,文之恭也;忠,文之实也;信,文之孚也;仁,文之爱也;义,文之制也;智,文之舆也;勇,文之帅也;教,文之施也;孝,文之本也;惠,文之慈也;让,文之材也。"

如此等等。

从词汇发展看,单音节词发展为双音节词是总趋势。有人统计:《论语》收词 1600 多个,其中除人名、地名、官名等专有名词外,有单音节词 1050 个，双音节词 280 个；《孟子》收词 2100 多个，其中除人名、地名、官名等专有名词外，有单音节词 1543 个，双音节词 430 个。[①] 越往后，这一发展趋势越明显，今《辞源》第三版（商务印书馆，2015 年）收单字头（一般都是单音节词）14210 个，复音词（双音节、多音节）92646 个。

词的感情色彩本身就是一项文化内容，古今往往有所不同。例如"爪牙"一词，古有谋臣爪牙之士，是褒义词，《诗·小雅·祈父》称祈父是"予王之爪牙"；今天完全成了贬义词，密探、爪牙、帮凶之类。"风流"一词，原来有"俊杰、才干出众"之意，如《世说新语·赏誉》称王荆州（忱）为"风流俊望，真后来之秀"，后来有了"男女关系放荡"之意。"道情"一词，原来指道义和情理，谢灵运诗有"拯溺由道情"句，后来成了民间说唱文学的体裁名，清代就有了唱道情的演出。"翻腾"一词，原也指事物好的变化，古人有"世事翻腾新样好"之说，后来有了"揭发老底，张扬内情"之意，《红楼梦》第 55 回有"翻腾一阵，故意表白"之类。"因陋就简"一语，原意苟且于简陋，不求改进，多贬义。汉刘歆《移书让太常博士》："苟因陋就简，分析文字，烦言碎语，学者罢老（疲劳）且不能究其一艺。"后来"因陋就简"成了办事的一种好作风，多褒义。这类例子，举不胜举。

词义引申是词义发展的重要途径，由词的基本意义派生出新的意义，就是词义引申。《说文》是专讲本义的，但《说文·叙》已经提出了词义引申问题："引而申之，以究万原。"实际上就是一事一义推衍成其他有关意义。常举的例子，一个"习"字，本义是"屡次飞"，《礼记·月令》："鹰乃学习。"学习，学着反复飞。后来由本义引申为复习、练习、

---

① 参见杨剑桥《实用古汉语知识宝典》，复旦大学出版社 2003 年 8 月第 1 版，第 320 页。

温习、实习。

　　词义史,是词义发展的历史。词义引申,恰恰是词义发展的逻辑。某词的词义发展史,是由该词不断引申出来的许多引申义构成和加以说明的。本义、基本义与引申义,还有一项重要的文化史意义,东汉许慎《说文解字》是讲本义和基本义的,清段玉裁《说文解字注》是引申义大厦。在说明多义词义项间的关系时,还可据本义、基本义和引申义画出树形图(见下文)。就词义引申的方式而言,有链条式引申,"习"字的引申即是;有辐射式引申,下文举的"履"字即是;综合式引申,既有链条式又有辐射式,综合在一起。但不管何种方式,都可画出树形图。树形图本身就有自然图式的逻辑文化意义。

　　以上三种引申方式,都从单个词切入讲解引申,但单个词引申会带动与之相关的词产生类似的引申变化,故有"词义同步引申说"[1]。如:"族、众、列","厚、薄","秽、浊、污"三组意义相关的词。

　　族:本义丛聚→众多→一般的、平常的

　　众:本义人多→众多→一般的、平常的

　　列:本义解剖、分解→分解排成、行列→行列必多→众多→一般的、平常的

　　厚:物体上下两个平面距离大小,距离大→轻重,分量重→深浅,深→多少,多→浓淡,浓

　　薄:物体上下两个平面距离大小,距离小→轻重,分量轻→深浅,浅→多少,少→浓淡,淡

　　秽:草不洁→不洁之地→不洁,例德不洁:贪秽

---

　　① 参见许嘉璐《论同步引申》,载《中国语文》1987年第1期。文中举例亦据许著。

浊：水不洁→不洁之地→不洁,例德不洁：贪浊

污：水不洁→不洁之地→不洁,例德不洁：贪污

以上三组词内意义相同部分,正表明"词义同步引申"。第三组例子还表明,词义同步引申的过程往往也是词与词之间的相互竞争和选择的过程,竞争的结果往往选择其中之一项。第三组内竞争选择了第三种结果"贪污",第一、第二种结果未被采纳。引申就是词义的发展,发展是必然的,诚不必多言。

那么,词义同步引申过程呢? 从语言上看,有相关词的词义的同步引申,同步引申中的相互竞争和选择。从哲理上看,过程是对象的运动时空存在方式,相关对象共同取向的运动过程有何特点呢? 美国哲学家怀特海创立的过程哲学提供了一个生生不息的宇宙图景,用四维的"事件原子"取代三维的"物质粒子"。事件的过渡、演进构成时间,事件与事件间互涵的扩张构成空间,"事件原子"的运动总是在时空共同构成的四维中进行,相关"事件原子"在四维中的运动必然会有若干相似点,对相似形态做出选择也是过程哲学的一大要义。词义的同步引申是否有过程哲学的文化轨迹呢? 答案是肯定的。怀特海过程哲学的前身就是英美语言哲学,过程哲学的产生原本就与语言相关。

(三) 多义词的义项

现代汉语词汇应区分单义词、多义词和同音词。单义词与多义词的区分表现为词典中某个词是单义项还是多义项。同音词指读音相同而意义完全不同的两个或两个以上的词。同音词分异形同音词,即读音相同而形体不同的词,如公式/公示、目的/墓地、时分/十分。同形同音词,即读音相同且形体也相同的词,如白(色)/白(字)、(大)米/(一百)米、生气(发怒)/(充满)生气。同形同音词与多义词有相似之

处,它们都有共同的特征:形体相同、读音相同,但它们的性质不同:同形同音异义词的各种意义间没有任何联系,多义词的不同意义(义项)之间有千丝万缕的联系。一般地说,同形同音异义词在词典上应立出两个字头,如白₁、白₂,生气₁、生气₂。多义词的不同义项连续排列。

以上说法,当然也是汉语世界自身的理论文化。但多义词的文化内容最丰富。人云:每个词都有自己的历史。英国语言学家柏默尔(L.R.Palmer)说:"语言的历史和文化的历史是相辅而行的,它们可以互相协助和启发。"陈寅恪说:"凡解释一个字即是一部文化史。"比如"履"字,先秦时期就是个多义词:

践踏,踏,《诗·小雅·小旻》有"如履薄冰";

步行,《易·履》有"眇能视,跛能履";

践踏所至,疆域,《左传·僖公四年》有"赐我先君履";

践行,实行,《诗·小雅·大东》有"君子所履,小人所视",郑玄笺"君子皆法效而履行之";

具备,《礼记·祭义》有"礼者,履此者也",清宋翔凤训纂"必备具而后成礼,古履亦训具";

礼仪,《诗·商颂·长发》有"率履不越",毛传"履,礼也";

鞋,如今之"革履"之"履",《庄子·让王》有"华冠缕(xǐ 帛)履";

引申为"穿鞋",《韩非子·外储说左下》有"五乘而履屩(juē,草鞋)";

引申为"居,处",《庄子·天道》有"贵贱履位";

到了汉代,发展为"经历"义,《后汉书·张衡传》"亲履艰难者知下情";

晋代有"行为、操守"义,《晋书·郗鉴传》"太真性履纯深,誉流邦族";

南北朝时期有"足,脚步"义,北周庾信《和咏舞》"顿履随疏节,低鬟逐上声"。

将"履"字的基本义和引申义据其内在逻辑画出词义发展树形图如下:

鞋→穿鞋→足、脚步→践踏→步行→经历→践行、实行→

具备→礼仪→行为操守   践踏所至,疆域   居处

树形图以词义引申的逻辑先后为序,因书证资料的空缺,一般说树形图难以反映历史的先后。由图可知,因词义引申的逻辑变化,会产生引申中的层次,形成树干、树枝,甚至还可有枝条、叉枝条等,俨然立体式空间。可知词义引申的逻辑关系形成的树形立体空间图,与自然界的空间有形式上的相似图式,树形图本身具有逻辑性的文化意义。

以上不仅为"履"字大体勾勒出其词义的发展脉络,还可知"履"字在先秦其义有 9 项。实际上,还不止,通假用法、卦名尚未计入,汉以后又有了 3 项。可见先秦是语言大发展、文化大发展的时代,某词的意义大都在先秦已经发育完全,后代的新生义就很有限了。德国历史学家、哲学家雅斯贝尔斯把公元前 500 年左右定为人类的轴心时代,中国的先秦、外国的古希腊,都处在这一时代。这个时代是语言工具、思想理念、科学文化大奠基大发展的时代。此外,别看举出某个词的意义,以 9∶3 来说明轴心时代业绩,似乎太不起眼了,殊不知意义问

题是个复杂的问题。西方现象学奠基人胡塞尔尤重意义的研究，认为意义通向世界。他的传承人美国哲学家舒茨则"将各个有限的意义域称为各意义世界"。王宁老师说："将汉字形音义统一而整理典籍的'小学'"，"不是小学问，在当时是大学问。因为它和经典捆绑在一起，是经学的一个部分，所以汉代就有人提出不可把它'降在小学'"。① 举"履"字意义之9：3来说明先秦文化宏赡，正题意相孚，恰如其分。

把词义说成文化，说词义发展是文化发展，这绝不可理解为淡化词义本身。将词义与茫茫无涯际的文化相勾连不是件轻松事。清代著名学者杭世骏曾批评其友人对词义，包括名物词不求甚解的态度，对词的出处、来源不加考订而想当然的轻率做法②：

> 不观《左传》注，妄谓绖皇为冢前之阙。按：事见《左传·庄公十九年》。绖（dié）皇，墓前甬道的门。近人杨伯峻注为"盖殿前之庭也"，并称"章炳麟《左传读》谓绖皇为墓门内庭中之道，亦通"。
>
> 不观《汉书》注，妄引《后汉纪》以证太上皇之名。按：太上皇，皇帝父亲的尊号。
>
> 不观《水经》《文选》两注，妄诧金虎、冰井以实三台。按：三台，星名，属太微垣，分上台、中台、下台，各有两颗星，共有六颗星，起自文昌，列抵太微。金虎，据《文选·陆机〈赠尚书郎顾彦先〉诗》"望舒离金虎"李善注、刘良注，为西方毕宿，毕昴之属。冰井，《水经注·河水五》："室内有冰井。"金虎、冰

---

① 王宁《训诂学及其在当代的发展》，载《光明日报》2016年6月30日第9版《文化新闻》版。

② 见[清]陆以湉《冷庐杂识》，冬青校点，上海古籍出版社2012年12月第1版，第201页。

井皆与三台无涉。

不观《地理通释》，妄分函谷关为秦、汉。按：函谷关，在今河南省灵宝市东北王垛村，战国秦置。

"青云"二字，莆田周方叔以为有四解，乃遽以隐逸当之。按：青云，高空的云、高空，比喻高官显爵。比喻远大抱负和理想，指平步青云之士。比喻黑头发，谓隐居。古代春官叫青云，又夏官缙云，秋官白云，冬官黑云，中官黄云。此种称呼源于黄帝受命有云瑞之说。"青云"是个多义词，决非"隐居"一解。

"聚头扇"，见金章宗《词咏》（出自《归潜志》），乃谓元时高丽国始贡之扇，即折扇，宋由高丽传入民间，起初不为人所重，明代始盛行。一名聚骨扇，金章宗有《蝶恋花·聚骨扇》词。

银八两为流，本《汉书·食货志》，乃引《集韵》以为创获。按：流，汉王莽时的银币单位。《汉书·食货志下》："朱提银重八两为一流，直（价值）一千五百八十；它银一流直千，是为银货二品。"

"八米卢郎"，见《齐》《隋》两书，姚宽《丛语》云："关中语，岁以六米、七米、八米分上中下，言在谷取米，取数之多也。"乃用元微之（元稹）《八采诗》"成朱伏卢"为证，是知一未知二也。按《丛语》之意，由稻谷舂成米的出米率有六成、七成、八成之分，出八成之米者为上等谷。"八米卢郎"指隋卢思道，谓其才高上等。卢作北齐文宣帝挽歌十首，被采用八首，故谓其才高。一说"八米"为"八采"之误，十首采用了八首。唐元稹《重酬乐天》诗："百篇书判从饶白，八采诗章未伏卢。"

《十洲记》："汉武帝天汉二年，西国王献吉光毛裘，色黄，盖神马之类，入水，经日不沉，入火不焦。"妄删"入火"句，改为"入水不濡"。

《古今注》："荷花一名水芝。"《酉阳杂俎》："湖目，莲子也。"乃谓"莲子，湖目；芡实，水芝"。

"亲家"，见《后汉书·应奉传》注，见于史者，始于《隋书·房陵王勇传》。乃谓见《唐书·萧嵩传》。

《仪礼·士昏礼》云："日入三商为昏。"贾公彦疏云："商谓商量，漏刻之名。"乃谓《周礼》"漏下三商为昏"，商，滴。按：贾疏"商量"，以"商"为量度。商，读本字，古代计时单位，一个刻度叫一商。

梁元帝《纂要》"日在未曰昳"，本《左传·昭五年》杜（预）注。乃以"昳"为"映"，而引王仲宣（粲）诗"山冈有余映"证之。按：昳，读 diè，太阳偏西。未，地支纪时，未时，下午 1 时至 3 时。

有感于以上 13 条种种纰漏，叹曰："于此见著述之不易也！"更不要说，抄袭是千夫所指的恶行了。以上 13 条，有 6 条是不读注疏造成的。善读注疏，应是中国文化人的修养。名物词的考释比普通词的诠解更贴近文化。例如，多义名物词"案"字[①]：

> 案有以为床（坐具）者，《周礼·天官》"王大旅上帝，则张氊（zhān 毡子）案"是也。
>
> 有以为食器者，《周礼·考工记·玉人》"诸侯以享夫人，

---

① 见[清]陆以湉《冷庐杂识》，冬青校点，上海古籍出版社 2012 年 12 月第 1 版，第 188 页。

案十有二寸"。注云"玉案"是也。

有以为几者,许氏《说文》所云"几属"是也。

张平子(衡)《四愁诗》"何以报之青玉案",注以为古"盌"字,当是《考工记》"玉案"遗制。《史记·万石君传》"对案不能食",《田叔传》"赵王张敖自持案进食",《后汉书·梁鸿传》"举案齐眉",盖皆指食器也。

扬子《方言》:"案,陈、楚、宋、魏谓之'桱',自关东、西谓之案。"当亦指食器。类书有属之几案者,似误。盖《方言》皆以类相从,案在盂、碗、杯、杯落、箸、筒之间,故知其以为食器也。按:此条见《方言》卷五。桱,读 xiě,案的别名。

以上考订是正确的,《说文》"几属"说,可包括古代进食器具短足木盘,如"举案齐眉"。古进食器有短足者曰案,无短足者曰盘。"几属"说亦可包括用作小憩的坐榻,《周礼·天官·掌次》"毡案"例正是。由扬雄《方言》同义词语义群推知"自关东、西"的"案"亦进食器,甚确,可谓善读《方言》而知其语义组合者,知《方言》语义群文化者。

词义的考订和辨析,总是要牵涉到古今词义的变化,而这,最能反映文化心理、文化观念、文化史实的变迁。清人曾举证"古今字义"云:

字义有行之今而古未备者,如"寺"字,古作官府解,不指僧寺也。"兵"字,古作兵器解,不指兵卒也。"字"字,古作抚字(抚育,养育)解,不指文字也。

有行之古而今不用者,如毒兼善恶,祥兼吉凶,落兼始终,臭兼香臭,诞兼信诞(可信和荒诞),乱兼治乱之类。又如下事上亦言慈,上规下亦曰谏,贵贱皆称朕,生死皆称讳,男女皆称僮。①

并称："如此之类,古之异于今者,不可悉数。"古今字(词)义,实在映照了古今文化的变迁。研究古今字义,是研究古今文化最好的切入点。

(四)同义词和反义词

汉语同义词。意义相同或相近的词叫同义词。同义词的辨析,因其本质是意义辨析,故可以分析得很细。从理性义入手,有意义轻重之别,如盼望/渴望;有范围大小之别,如地区/地域;又内涵上的区别,如严密/精密。从色彩义入手,有感情色彩之别,如阴魂/英灵;有语体色彩之别,如羁押/拘留。从用法入手,有搭配对象不同,如爱戴/爱护;有词性和句法功能的不同,如刚才(名词)/刚刚(副词)。以上可知,辨析、区分的对象是同义词的词义,标准、维度是概念的预设。这也说明,语言研究是离不开逻辑工具的。一般来说,语言研究有两大途径:一是资料的收集和考订,二是概念维度、逻辑分析结构的预设。此谓语言研究中求真之途径、价值取向上的学术文化也。诚然,上述关于同义词"从理性义入手"等意义辨析法,与形式逻辑还是有区别的,今日学界一般称之为语言逻辑,或语义逻辑。

同义词聚集本身能呈现某种文化面貌。例如,《礼记·曲礼上》:"天子死曰崩,诸侯曰薨,大夫曰卒,士曰不禄,庶人曰死。"反映了上古奴隶制时代的死亡文化,人作古了也讲等级。《庄子·齐物论》:"庸也者,用也;用也者,通也;通也者,得也。"反映了古人对使用、通用、受用等不同效用的思考,而效用与工具又是密切关联的。《方言》卷九:

① 见[清]陆以湉《冷庐杂识》,冬青校点,上海古籍出版社 2012 年 12 月第 1 版,第 33 页。

"舟,自关而西谓之船,自关而东,或谓之舟,或谓之航。"此条既直白地告知了古代的方言,又说明方言词"船""航"是怎样进入共同语,成为"舟"的同义词的。而"舟"本身原来也是方言词,后来变成了通语,这是古代方言文化变迁之一例。又,方言词成为同义词,本身就颇有地理文化意蕴。例如:一个"市"字,南方曰市,北方曰集,蜀中曰疾,粤中曰墟,滇中曰街子,黔中曰场。①

但"同义词聚集呈现文化面貌"本身也是复杂的。既有上文"作古也讲等级"的类聚,也有"上下贵贱不嫌同词"类聚,如"贰、叛、拜成、讨"等词可上下通用。近人刘师培《读左札记》说,宋代洪迈说到《左传》遣词造句颇多害天理,例:《隐公三年》的"王贰于虢"、《文公十四年》"王叛王孙苏",君王之于臣,不当言"贰",言"叛";《成公元年》"单襄公如晋拜成"(去晋国拜谢调解周王和戎人的关系获得成功)、《哀公三年》"赵鞅以为讨"。晋卿赵鞅讨伐周,逼迫周诛杀忠臣苌弘。君王的使者不当言"拜成",诸侯之卿不当言"讨"。连顾炎武《日知录》也责之甚严,以为左氏不知《春秋》之义,背于正名之旨。刘师培批评说:"呜呼!此真不知《春秋》之义矣。夫三代之时,尊卑之分未严,故古代之字,多属上下互用之词。"用字反映时代,三代(夏、商、周)尊卑未严,所以,古书中上下贵贱不嫌同词。

同义结构的叠用成为认知作品风格、文章气势、作者文笔、文化意象的一个窗口。例如,前人曾关注"《史》《汉》有语意相似而叠用者"②:

《史记》《高祖本纪》"空言虚语"、《礼书》"内外表里"、《赵

① 见[清]陆以湉《冷庐杂识》,冬青校点,上海古籍出版社2012年12月第1版,第311页。

② 见[清]陆以湉《冷庐杂识》,冬青校点,上海古籍出版社2012年12月第1版,第194页。

世家》"逾年历岁"、《商君传》"延年益寿"、《张仪传》"匿意隐情"、《主父偃传》"露兵暴师"。

《汉书》《冯衍传》"年衰岁暮"、《蒯通传》"俊雄豪杰"、"飘至风起"、《中山靖王胜传》"道辽路远"、《吾丘寿王传》"天下少双,海内寡二"、《李寻传》"遭殃致凶"、《翟方进传》"残贼酷虐,苛刻惨毒"、《王莽传》"等盛齐隆""穷凶极恶"、《郎𫖮传》"思过念咎"、《司马相如传》"道尽涂殚"。《后汉书》《马融传》"欢欣喜乐"、《孙程传》"怨恨忿怼"、《莋(zuó)都夷传》"陟危历险"。

以上《史记》《汉书》中的两两同义用法,今天看都可成为四字格,有的早已成为成语,如"延年益寿""穷凶极恶"。如果作古今纵观,以上可体现同义用法的语言文化传承。

前述同形同音异义词与多义词的区分,在于前者的各种意义间没有任何联系,后者的不同意义(义项)之间有千丝万缕的联系。可以说前者从严,后者从宽。从严,即使白(色)$_1$、白(字)$_2$在词典上也未必加以区分,还要看词典本身的规模、性质、体例而定。从宽,把意义相反对的也都看作多义词义项。试以清人所举例作业之:

> 他日,前之日。《孟子》"吾他日未尝学问"是也。后之日。《论语》"他日又独立"、《孟子》"他日见于王曰"是也。
>
> 异时,前之时。《史记·秦始皇本纪》"异时诸侯并争,厚招游学"。后之时。《苏秦列传》赞"异时事有类之者,皆附之苏秦"。

"他日""异时"都是多义结构,即多义词。非同形同音结构,即不是不同条目的词。"字同而义殊,经史中似此者多矣"①。

(五)成语

吕叔湘先生当年给《中华成语大词典》题词说:"成语之妙,在于运用。"汉语成语是最具传统文化意义的固定词组,它来历久远,含义丰富,形式简练,是体现中国语言文化特色的文化宝藏之一。句子中用了成语,句子本身不仅增强了表达力度,而且简洁通顺,文气更加充足。例如:习近平总书记在庆祝建党九十五周年大会上的讲话,我们从中移录到成语 35 条,会同移录到的典故 7 条、新成语 29 条、四字格273 条,合计 344 条,共同架构起了一座具有鲜明特色、富有时代感的语言大厦②,体现了新时代领袖的精锐、明达、沉稳、求实、果敢、刚毅、自信、勇于担当的思想识力、政治定力和处变不惊的坚强毅力。

---

① 见[清]陆以湉《冷庐杂识》,冬青校点,上海古籍出版社 2012 年 12 月第 1 版,第 11 页。

② **成语**:不懈奋斗、生灵涂炭、百折不挠、气壮山河、可歌可泣、开天辟地、波澜壮阔、浴血奋战、一盘散沙、举世瞩目、继往开来、无私无畏、一脉相承、与时俱进、视死如归、大义凛然、千辛万苦、语重心长、坚韧不拔、风雨同舟、生死与共、始终不渝、祛病疗伤、激浊扬清、人心向背、同甘共苦、持之以恒、警钟长鸣、德才兼备、五湖四海、任人唯贤、公道正派、举世公认、血浓于水、坚定不移。(35 条)**典故**:"明镜所以照形,古事所以知今"(《资治通鉴》语),"志不立,天下无可成之事"(王阳明语),鸟之两翼,车之两轮(佛典《周礼正义》语),"得众则得国,失众则失国"(《大学》),"功以才成,业由才广"(《三国志·蜀志九》),"己不正,焉能正人"(《论语·颜渊》《论语·子路》),"路漫漫其修远兮,吾将上下而求索"(《离骚》)。(7 条)**新成语**:光辉历程、小康社会、中华民族伟大复兴、中国梦、中华文明、中华民族、改革开放、综合国力、中国特色社会主义、现代化、无私奉献、"不忘初心,继续前进"、马克思主义中国化、"时代是思想之母,实践是理论之源"、初级阶段、革命理想高于天、"砍头不要紧,只要主义真"、"自信人生二百年,会当水击三千里"、基本路线、解放思想、"既不走封闭僵化的老路,也不走改旗易帜的邪路"、和平共处、一带一路、"拒腐蚀,永不沾"、零容忍、一国两制、港人治港、澳人治澳、九二共识。(29 条)**四字格**:光明前景、充满信心、悠久灿烂、卓越贡献、西方列强、封建统治、(转下页)

（续前页）山河破碎、前所未有、挺起脊梁、奋起抗争、五四运动、内忧外患、社会危机、空前深重、深刻改变、历史进程、繁荣富强、伟大飞跃、团结带领、蓬勃生机、惊天动地、发展奇迹、壮丽篇章、奋勇前进、长期坚持、永不动摇、为民情怀、高尚情操、开拓前进、理论创新、实践创新、指导思想、精神旗帜、科学理论、行动指南、唯物辩证、科学精神、博大胸怀、坚持真理、修正错误、团结统一、失去灵魂、迷失方向、时代特点、实践要求、实践发展、永无止境、认识真理、大胆探索、不断突破、问题导向、真理光芒、远大理想、崇高追求、理想信念、坚强有力、坚定不移、理想之光、信念之光、思想建设、战略任务、理想追求、政治定力、坚定信仰、忠实实践、治国理政、远大理想、奋斗目标、清醒认识、执着追求、党性修养、思想境界、道德水平、精神营养、真学真懂、真信真用、根本成就、伟大事业、根本保证、道路自信、理论自信、制度自信、文化自信、毫无畏惧、必由之路、正确理论、时代前沿、制度保障、制度优势、传统文化、革命文化、先进文化、精神追求、精神标识、民族精神、改革创新、时代精神、精神力量、有色眼镜、主观臆断、中国方案、兴国之要、立国之本、强国之路、统筹推进、"五位一体"、协调推进、"四个全面"、战略布局、全面推进、富强民主、文明和谐、相互促进、统筹联动、社会主义、市场经济、民主政治、先进文化、生态文明、和谐社会、协同推进、人民富裕、国家强盛、中国美丽、执政兴国、第一要务、基本国情、崇尚创新、注重协调、倡导绿色、厚植开放、推进共享、经济实力、综合国力、深化改革、理论创新、实践创新、制度创新、自我革命、积存多年、顽瘴痼疾、依法治国、（共产党）领导立法、保证执法、支持司法、带头守法、宪法精神、血肉联系、全心全意、根本宗旨、根本利益、根本标准、平等参与、平等发展、共同富裕、稳步迈进、主体地位、当家作主、毫不动摇、长期坚持、全面贯彻、不断发展、生动活泼、安定团结、政治局面、互利共赢、开放战略、庄严承诺、神圣职责、同心协力、全球治理、公正合理、共同发展、合作共赢、独立自主、和平外交、坚定不移、对外开放、国际合作、国际社会、国际发展、共同参与、冷战思维、零和博弈、一律平等、自主选择、以强凌弱、相互尊重、互不干涉、内部事务、抵御风险、拒腐防变、自我净化、自我完善、自我革新、自我提高、"四大考验""四种危险"、管党治党、严字当头、真管真严、敢管敢严、长管长严、党要管党、从严治党、政治意识、大局意识、核心意识、看齐意识、对党忠诚、为党分忧、为党担责、为党尽责、反腐倡廉、敬畏人民、敬畏组织、敬畏法纪、公正用权、依法用权、为民用权、廉洁用权、政治本色、有案必查、有腐必惩、以德为先、以德修身、以德立威、以德服众、"三严三实"、心中有党、心中有民、心中有责、心中有戒、实践锻炼、少知而迷、无知而乱、行家里手、巩固国防、强大军队、战略任务、绝对领导、强军目标、政治建军、改革强军、依法治军、积极防御、战略方针、炫耀武力、高度自治、依法施政、履行职责、发展经济、改善民生、推进民主、促进和谐、和平统一、两岸同胞、命运与共、骨肉兄弟、共同打拼、乐其无涯、不懈奋斗、光荣历史、伟大历程、时代前列、绚丽光彩、艰苦奋斗、勇于变革、勇于创新、永不僵化、永不停滞、经受考验、更加优异。（273条）

成语研究法，最常见的研究法是编纂成语词典①。此外，也可以成语的语法结构来统摄成语。这一研究法的意义在于，成语除了各自丰富含义的经验性以外，还有其内在语法结构、语义结构的形上性。大体有②：

主谓结构式，例：哀鸿遍野、表里山河、草木皆兵、东山再起、耳目一新。

动宾结构式，例：二三其德、粉饰太平、更上一层楼、何罪之有（宾前置）、寄人篱下。

并列结构式，例：价廉物美、开天辟地、来龙去脉、名正言顺、能工巧匠。

连动结构式，例：拍案叫绝、破涕为笑、歃血为盟、善刀而藏、舍本逐末。

偏正结构式，例：岿然不动、漏网之鱼、酩酊大醉、逆流而上、庞然大物。

补充结构式，例：狼狈不堪、磨刀霍霍、怒不可遏、飘飘欲仙、平易近人。

兼语结构式，例：耐人寻味、弄巧成拙、抛砖引玉、耸人听闻、引人注目。

单一结构，例：七零八落、千恩万谢、一五一十、十全十美、之乎

① 今常见的有：《中国成语大辞典》，上海辞书出版社1987版，缩印本1996年版；《中国成语分类大辞典》，新世界出版社1989年版；《成语大词典》，汉语大词典出版社1996年版；《中华成语大词典》吉林文史出版社1997年版；《现代汉语成语规范词典》长春人民出版社2000年版；《新编成语词典》，中国大百科全书出版社2004年6月第1版；《中华多用成语大辞典》，湖南人民出版社2007年7月第1版，等等。
② 以下分类和举例，参见了《新编成语词典》，中国大百科全书出版社2004年6月第1版。

者也。

复句式结构，并列关系，例：金无足赤，人无完人；目不忍视，耳不忍闻。善有善报，恶有恶报；上知天文，下知地理；生当作人杰，死亦为鬼雄。

复句式结构，承接关系，例：旗开得胜、前赴后继、人去楼空、涉笔成趣；世有伯乐，然后有千里马。

复句式结构，目的关系，例：工欲善其事，必先利其器；杀身成仁；项庄舞剑，意在沛公。

复句式结构，假设关系，例：皮之不存，毛将焉附；少壮不努力，老大徒伤悲；舍我其谁；天若有情天亦老；无事不登三宝殿。

复句式结构，条件关系，例：好问则裕、世上无难事，只怕有心人；一夫当关，万夫莫开；一叶知秋。

复句式结构，转折关系，例：鸡犬之声相闻，老死不相往来；金玉其外，败絮其中；跬步千里、南辕北辙、藕断丝连。

复句式结构，因果关系，例：既来之，则安之；山雨欲来风满楼、失之毫厘，谬以千里；天生我材必有用、言之无文，行而不远。

复句式结构，选择关系，例：宁为玉碎，不为瓦全；是可忍，孰不可忍。

复句式结构，递进关系，例：天时不如地利，地利不如人和；一传十，十传百；一而再，再而三；自误误人。

以上是从语义语法关系看同一条成语，分了十七类，如从语义对待关系看不同成语间的关系，还可分成两大类：同义关系和反义关系[①]。

---

① 以下举例参见了蒋荫楠《同义成语词典》《反义成语词典》，两书均为上海辞书出版社 2006 年 6 月第 1 版。

同义关系,例:唉声叹气/长吁短叹、八面见光/八面玲珑、沧海一粟/九牛一毛、大彻大悟/幡然悔悟/恍然大悟、恶语伤人/含血喷人。

反义关系,例:哀兵必胜/骄兵必败、拔刀相助/袖手旁观、才高八斗/胸无点墨、大家闺秀/小家碧玉、阿谀奉承/刚正不阿。

以上从结构关系提挈成语条目,从抽象到具体。但在大量的成语解释中,现代成语词典的编纂者往往将结构、语义对待等作为释义的一个参照项而列入,从结构、语义入手解释条目,以具体纳入抽象。例如:

琳琅满目 [结构]主谓式[释义]满眼都是精美的玉石……[出处]引晋代裴启《裴子语林》和清代陆珑其《与陈蔼公书》用例。[功能、例句]1作谓语,引湖涌《南宁的绿》;2作补语,引冰心《"面人郎"访问记》。[附条]"满目琳琅"引茅盾《为徐平羽之新出土秦汉瓦当拓本作》。[同义]美不胜收、目不暇接。[反义]疮痍满目、荆榛满目。①

某成语条目的文化内容在结构语义项构架上得到了充分展示。

成语,还有四字格,言简意赅,可长言说,增加文章气势,演说者、为文者多乐意用之,甚至刻意寻之。要是附加条件,对成语、四字格加以限定,就更不容易找到合适、贴切的用例了。如切合中古四声的四字格"天子圣哲"例,切合现代汉语四声的则有"官僚主义"例。传说清代词人、大学问家朱竹垞(chá 朱彝尊)行酒令"举成语一句,合平上去入者",只找到两例:"康子馈药""兵刃既接"。有位名叫查浦的文人,

---

① 举例参见了《新编成语词典》,中国大百科全书出版社2004年6月第1版。

"思索竟夜，不得一句，心火迸发，左耳遂聋"，令人感慨，"不知查浦何以窘迫至是，而竹垞亦仅思得二句，异矣"！于是刻意搜寻，找到了"天子圣哲"之类的四字格，如君子上达、天下大悦、刊改漏失、溥本肇末、鸣鼓振铎，等等，共 83 例，算是一了偏爱成语四字格的心愿。①

———————————

① ［清］阮葵生《茶余客话》，李保民校点，上海古籍出版社 2012 年 12 月第 1 版，下册第 482 页。

三　汉语语法学

　　语法是词、短语、句子等语言单位的结构规律。语法分词法和句法。词法研究词的结构、词形变化和词的语法类别(词类)。句法研究短语的结构和类型、句子成分和句子类型。吕叔湘先生的名著《汉语语法分析问题》除了"引言"以外,讲了三大块:单位(主要讲语素和词)、分类(主要讲词类,也讲了短语)、结构(全部讲句法)。可知汉语语法到底有哪些主要内容。诚然,吕先生并不赞成把"汉语语法分析"全都纳入结构主义。例如词类的划分标准,吕先生说有两个半标准:"形态和功能是两个,意义是半个,——遇到三者不一致的时候,或者结论可此可彼的时候,以形态为准。"①形态是存在论,但也可从结构论去研究形态;功能是功能论,意义是指传统意义上的词义,属于经验论的范畴。此外,语法还具有抽象性、稳固性、民族性。上述语法内容构成、语法分析、语法特性内容可以说有三个主题词:结构形态、结构规律、抽象性。世界万物莫不有这三大件。这就决定了语法的形上性、普遍性。语法是语言研究中最具哲学文化的部分,故有"语法哲学""哲理语法"等说法。

　　如果说人类与动物的最大区别是"人会使用语言",而蜜蜂、海豹也会有自己的语言的话,那就再补上一句:"并对语言作抽象研究。"任何词都是抽象,词类划分当然是高一级抽象。

---

　　①　吕叔湘《汉语语法分析问题》,商务印书馆 1979 年 6 月第 1 版,第 11 页。

（一）汉语词类划分一百多年

从《马氏文通》(1898 年)划分汉语字(词)类,并提出汉语词"无定类"说,到《现代汉语词典》第 5 版(2005 年)每个词都落实词性,历时一个多世纪。

汉语词类①第一层面分实词、虚词和游离于句子结构以外的叹词。第二层面实词分体词、谓词、饰词;虚词分介词、连词、助词、语气词。第三层体词分名词、名词性代词、数词、量词等,功能:名词性功能,常作主语、宾语等。第三层谓词分动词、形容词,功能:谓词性功能,常作谓语。

以上汉语词类三层次的划分,第三层面上的汉语词类具体,功能明确,含结构层次、本体内涵、功能外延,皆为现代语言哲学所关注,其哲学文化的质性十分充分。

有关词类划分的认识史,1898 年《马氏文通》问世,将词称作字,先分"实字、虚字"两大类,继分"名字、代字、动字、静字、状字、介字、连字、助字、叹字"九大类。马氏受西方"葛拉玛"的影响而著《文通》,这无疑是对的,但或许更可以说,马氏在国内和国外居住时都因西学东渐的时代之赐,系统接受了西方逻辑思想的熏陶,正是用现代逻辑方法分析汉语的词法和句法。马氏看到汉语的一个最大的特点:构词、短语、句子具有同一性,内在结构关系是统一的,都有主谓、动宾、修饰(状中、定中)等关系,于是用"起词(主语)、止词(宾语)、表词(谓语)"等分析句子,以"主次、宾次、正次(词组中心语)、偏次(词组修饰语)、司词(介词宾语)"等分析汉语词在句中的位置和功能。还有,逻辑思

___
① 这里的分类按曹炜《简明现代汉语教程》的分类,该书由台北文史哲出版社印行,2011 年 11 月初版,第 136 页。

图 2 《马氏文通》封面书影
商务印书馆 1898 年版

想体现的显证,马氏用公名、本名、群名(公名之别,散名)、通名等名理概念来说汉语的名词。《马氏文通》全书中逻辑思想文化到处可见,比西方"葛拉玛"更具显示度。在词类划分问题上,马氏得到了"字(词)无定义,故无定类"的结论。后来黎锦熙在《新著国语文法》(1924 年)提出了"凡词,依句辨品,离句无品"的观点。品,品类。高名凯《汉语语法论》(1948 年)则提出汉语实词无词类。

30 年代末期所谓"文法革新"的讨论,主要是关于汉语词类问题的讨论,以"分布"说看待汉语词类,把"分布"看作词类划分的唯一标准。傅东华循汉语词类"分布"说提出"一线制",主张把词类和句子成分合一。我们仍可以在此或多或少地看到马氏"字(词)无定义,故无定类"、黎氏"依句辨品,离句无品"的影子。对此,方光焘提出了批评:

"东华先生却以'句子的意义做骨架'来建立文法体现,这是我不敢赞同的。"方先生随即提出了另一种划分词类的标准:广义形态。方说:"我认为词与词的互相关系,词与词的结合,也不外是一种广义的形态,中国单语本身的形态,既然缺少,那么,要辨别词性,自不能不求助于这广义的形态了。"方还进一步提出了"凭形态而建立范畴,集范畴而构成体系"的著名说法①,这里的"范畴"首先就是词类的划分。

　　40 年代有吕叔湘《中国文法要略》(1942 年、1944 年)、王力《中国现代语法》(1943 年)。前者将词分成名词、动词等七大类,并紧接着讲了词与词之间的联合关系、组合关系、结合关系,这对认识词组、词性都是大有益处的。此外,还借助叶斯泊森三品说提出了"词类的活用"问题②。后者将词分成九大类,也是借助叶斯泊森三品说提出了词的"分隶",即同一个词可据其用法分属不同的类,也是"词类的活用"问题③。关于引用三品说,朱德熙曾说:"其实叶氏的词品说并不见得比当时流行于汉语语法界的词类通转说和词无定类说更坏。""吕、王二氏的书只不过是用词品说代替了旧有的并不见得比词品说高明的词类理论。这两部书的价值和词品说的得失并没有多大关系。"④

　　50 年代的三次大讨论,关于汉语词类问题的讨论(1953—1954年)、关于主语宾语的讨论(1955—1956 年)、关于单句复句的讨论(1957 年),在深度和广度上大大推进了汉语语法分析问题的研究。以1979 年 6 月《汉语语法分析问题》的问世为标志,《马氏文通》以来的汉语语法研究中的问题,有了较为完整、系统的科学回答;以 2005 年 6月《现代汉语词典》第 5 版出版,词目均标词性为标志,汉语词类问题

---

①　《方光焘语言学论文集》,商务印书馆 1997 年 7 月第 1 版,第 4、6 页。

②　参见吕叔湘《中国文法要略》,商务印书馆 1982 年 8 月新 1 版,第 16、18 页。

③　参见王力《中国现代语法》,商务印书馆 1985 年 6 月新 1 版,第 15 页。

④　朱德熙《汉语语法丛书序》,《汉语语法丛书》从 1983 年 9 月起已由商务印书馆出版,共收《马氏文通》等十种。

的讨论告一段落。

从《马氏文通》分汉语词类为"名字、动字、静字、状字"等,提出汉语词"无定类"说,到 2005 年每个词都落实词性,历时一个多世纪,可见汉语词类划分之复杂,认识过程之艰辛。引起此等复杂性、艰巨性的根本原因在于:汉语词缺乏明显的形态,不像西方语言中的词那样,词本身的构成形态已告知类别,汉语词的类别要在词组、句子中求索。问题的症结在于:如将汉语同一词形的词,都看作是同一类词,它在词组、句中的出现时,却又表现为不同的词性,以同一个词类去对应不同词性,自然会得出"词类没准儿"("词无定类")、"词类活用"等结论;反之,将汉语同一词形的词,看作是不同类的词(不是不同的词,词还是一个),它在词组、句中出现时,表现为不同的词性,以不同类的词对应不同词性,只能得出"词有定类","一个词类对应某一类词的词性"的结论。给每个词都明明白白地标上了词性,你还能说"词无定类",还有必要再扯进"词类活用"吗?例如,单音节词"衬":动词,在里面或下面托上一层;名词,衬在里面的东西;动词,陪衬,衬托。十分明显,单音节词"衬"分两大类,有两种词性,尽管有几种意义,但都有词类可属,词性可定。又如,双音节词"抽风":动词,两个义项,一是生病,肢体抽筋,口眼歪斜;二是比喻做违背常理的事,如半夜大声歌唱之类。还有另一个同形同音词"抽风",词典上可另立条目,动词,用装置将空气吸出。可见每词皆从类,同类同词性有不同义。

词类划分认识史,本身就是文化史的组成部分,此其一。其二,词类争辩有逻辑问题在内,涉及词类与词性的完全同一(逻辑上的等值),同一词类、词性可包含不同意义,意义不同并不决定词性。此外,词类划分的决定性因素是形态,汉语形态的确定须在短语、句子进行,须知要确定的是形态,不是意义。词类划分是本体论、存在论、结构论中的形态论,而非在上下文中确定不同意义的意义论,这或许是词类划分的更深一层的逻辑文化,也是其"曾经沧海难为水"的原因。这种情形,正如分析哲学所说,在谈到分析一个"命题"(例如词类)的时候,只是在下述意义上使用"命题"这个词,即任何语言的表达式(例如语句)在这种意义上都不可能是"命题"。但吊诡的是,为了给出分析,又必须使用语词表达式①。

(二) 文法、语法、文气

有人说,文法对文言文而言,语法对白话文而言。这句话有一定道理。王力《古代汉语》称古汉语的结构规则叫语法。今作为语言结构规则的语法是研究文白古今语言通用的术语。

《马氏文通》以前,"文法"说法用得很普遍,但不只是指语法,含义广泛,列举如下:

指短语结构语义表达方式。有人以司马迁、班固表述方式不同而见《史记》《汉书》之高下②。举例称,《平准书》云:"令县官销半两钱,更铸三铢钱,文如其重。"又云:"铜钱识曰半两,重如其文。"前一句"铸三铢钱"在明确其重量之后而考"文",故曰"文如其重",后一句在有明白标识("文")后而言其实际重量,故曰"重如其文",可知标识不伪。可知"史公一字不苟若此",而《汉书》"概作'重如其文',便有不可通者,马、班优劣,即此可定"。从表达上看,是两字位置互换,从语法分析看,前句是"文字标识与重量同",文字主格,重量宾格,后句是"重量与文字标识同",重量主格,文字宾格。语法结构同,但语义不同,从语义语法看,语义语法不同而见其语义准确度,进而分出高下。

---

① 参见叶秀山等总主编《西方哲学史》第八卷,江怡主编《现代英美分析哲学》上册,江苏人民出版社 2005 年版,第 114 页。
② 参见[清] 陆以湉《冷庐杂识》,冬青校点,上海古籍出版社 2012 年 12 月版,第218、219 页。

指上下文意义及其表达法。如清代武亿以《论语·雍也》"子曰：女(汝)得人焉耳乎？(子游)曰：有澹台灭明者，行不由径，非公事，未尝至于偃(言偃，孔子学生子游)之室也"，"有"字后当逗，例同《孟子》"'不动心有道乎?'曰：'有，北宫黝之养勇之也'"。谓《论》《孟》例"语势正同"。陆以湉说《孟子》句回答当以"有"字相应，《论语》例与《孟子》例不同，云："此处上下文法不同①。"《论语》例当连下读，武亿误。语势，多指上下文表达中某几句乃至某章节的文气、文意贯通的顺畅程度，可转化为读者领略之语感。语势、语感可助标点古书，但不如"文法"的作用大。

清代已有"复句""文法"并提的说法，但"复句"只是句式或句型的重复，以及它们之间的比较，"文法"也是整篇文章或全书的句型比较，实际上主要还是指文章的表达方式、文章的写法。有云②：

> 《论语》有复句而不相连者，如："焉用佞？弗如也。""贤哉！回也。""禹吾无间然矣，天何言哉?"是也。《孟子》亦有之，《战国策》《史记》效之，而文法益变矣。

复句，今属句法。但更确切地说，它是语义语法逻辑，语法哲学问题。形式逻辑的现代发展，首先关注和吸收的成果是语言研究中的成果③。复句句法理论及其分析作业是有语言哲学性质的。

甚至也可指对文及对文中的虚写、实写，乃至双声叠韵，语音亦文

---

① 见[清]陆以湉《冷庐杂识》，冬青校点，上海古籍出版社 2012 年 12 月第 1 版，第 76 页。

② 见[清]陆以湉《冷庐杂识》，冬青校点，上海古籍出版社 2012 年 12 月第 1 版，第 179 页。

③ 参见[瑞典]奥尔伍德(Jens Allwood)等《语言学中的逻辑》，《西方语言学丛书》9，北京大学出版社 2006 年 11 月第 1 版，英文版，第 159 页。

法。钱大昕记事云①：

    有客举王子安《滕王阁诗序》"兰亭已矣,梓泽丘墟"一句
对属似乎不伦,先大父曰："已矣",叠韵也；"丘墟",双声也。
叠韵双声,自相为对。古人排偶之文,精核如此。庾子山《哀
江南赋》："陆士衡闻而拊掌,是所甘心；张平子见而陋之,固
其宜矣。"以"甘心"对"拊掌",以"宜矣"对"陋之",亦一联之
中虚实自相为对也。

"语法"一词,据赵振铎先生的考证,唐孔颖达《五经正义》已出现
"语法"一词：

    《左传·昭公二十年》"尔其勉之,相从为愈"正义："语
法：两人交互乃得称相,独使员从己,语不得为相从也。"

这里的"语法"主要还是指语言中的说法,语言表述的方法和规
则。赵先生说："《五经正义》所提到的'语法'是指语辞的使用规则,语
言态度和话语权。把语辞的作用提到规则的高度来认识,仍然是了不
起的贡献。"②

文气,文章气势,一般是就文章全篇而言,甚至是就作者本人所有
文章而言,与语势局部完全不同。清人陆以湉以魏文帝《典论·论文》
谓"文以气为主,气之清浊有体,不可力强而致",似不若杜牧之《答庄
允书》为得其要,云："凡为文以意为主,以气为辅,以词彩章句为之兵

①　见[清]钱大昕《潜研堂集》(上),吕友仁校点本,上海古籍出版社 2009 年 1 月
第 2 版,第 364 页。

②　赵振铎《中国语言学史》,河北教育出版社 2000 年 5 月第 1 版,第 174 页。

卫。"并称:"盖文而无意,则气亦无所统驭。韩、苏之文,气极盛矣,然非研理之精,有意以宰制之,安能几于斯乎?"①可见文章气势的本质应当是作者的理论修养、学术修养,以及作者本人的修养所形成的胸怀襟抱,进而落实到对所论课题的深刻理解,对具体对象的领悟和把握。文气与文法、语法着眼点不同,前者是对语词具体对象的内容意蕴的领悟和把握,后者是对语词间关系的把握。

(三)修辞、语法、修辞语法

修辞,是个古老的命题。古希腊在公元前 5 世纪就有了修辞术课本,后来逐渐演变为演讲术、辩论术,到苏格拉底时代,已把修辞的技艺看作影响和改变人心的技艺。亚里士多德《修辞术》把修辞术定义为"在每一个事例上发现可行的说服方式的能力";并说"由言辞而来的说服论证有三种形式":一是"演说者的品格",二是听众的"心境",三是"在于借助证明或表面证明的论证本身"。② 第一、二项都是讲道德,对德性的认识,第三项讲修辞、辩术,乃至内容本身。针对当时智者学派只讲语言层面修辞术的做法,更强调演说者的品格,把道德"善"提到修辞学的核心位置。《周易·乾卦·文言》引孔子语:"君子进德修业,忠信,所以进德也;修辞立其诚,所以居业也。"同样把道德与修辞紧密联系,"诚"是德性概念,是修辞的主心骨。古希腊和先秦论修辞都强调道德的地位和作用。以上亦可谓修辞文化的始源。

现代的修辞学说,把修辞学定义为"只研究交际活动中的语言问题,非语言的东西不是修辞学的研究对象","只研究同提高表达效果

---

① 见[清]陆以湉《冷庐杂识》,冬青校点,上海古籍出版社 2012 年 12 月第 1 版,第 84 页。

② 苗力田主编《亚里士多德全集》,第九卷,中国人民大学出版社 1994 年 3 月第 1 版,第 338 页。

有关的语言问题,而不研究一切语言问题".① 修辞语法实际上是把修辞和语法紧密结合起来,光讲语法太抽象,且语法来自西方 gramma,不如从汉语固有的"提高表达效果"的修辞来讲适合汉语实际的语法问题。陈望道说:"讲起文法,通常同时会讲起修辞。在传情达意的时候,文法问题和修辞的问题的确总是紧密结合在一起的。""文法讲究的是语文的组织,是如何组织词语成为句子的问题;修辞讲究的是语文对应题旨对应情境的运用,是运用语文的手法的问题。""文法贵乎守经,而修辞则侧重权宜,两者不宜相混。""两者的关系是很密切的,文法事实和修辞现象往往可以互相转化",具体研究时"可以同时进行,双方兼顾,使我们的研究更为周到全面".② 可见,修辞和语法是不同的,但又是密切联系的,具体研究时应结合进行。修辞讲好,语法求准,这是修辞语法的二段论式,正可用此二段论式来看待修辞语法著作,不外乎语文表述要"好中含准,达准须好"。

　　晚清名著《古书疑义举例》是广义的文法书,作者俞樾以修辞求表达之好的眼光观察古书表达,鉴定其准确与否,是否有文献依据等,并按其准确表达的不同方式分成若干类型。有人把该书列入训诂书,说为古代词义学,因其辨识疑义,亦可,但因其辨疑释义的目的是讲求表达优劣和准确与否,"使童蒙之子,习知其例,有所据依",成为"读书之一助",故因"其例"即诸多条例而谓之古代语法,因其"读书之助"的作用而谓之修辞语法,更合原书实情。

　　俞著卷一节一"上下文异字同义例"引《左传·庄公元年》:"筑王姬之馆于外。为外,礼也。""为外"即"于外",古代"于"字"为"字义通。文中前有"于外",后再用"为外",上下文异字重复。俞云:"若但曰'礼

①　王希杰《汉语修辞学》(修订本),商务印书馆 2004 年 10 月第 1 版,第 8 页。
②　陈望道《文法简论》,上海教育出版社 1978 年 4 月第 1 版,第 14、15 页。

也',疑若通言筑之为得礼,而无以明筑于外之为得礼。"故重复"于外"二字,《春秋》经文作"于外",左氏传文再来个"为外",俞谓之"亦异文而同义也"。"若但"云云,言表达求准,否则有歧义,亦言求好,重复"于外"好,改作异文"为外"不重"于"字就更好了。"亦异文而同义"说明类别。

俞著卷一节三"倒句例"云:"古人多有以倒句成文者,顺读之则失其解矣。"可见倒句成文的优点。引《孟子·尽心下》:"若崩,厥角稽首。"俞引证《汉书·诸侯年表》"厥角稽首"应劭注:"厥(其)者,顿也。角者,额角也。稽首,首至地也。"俞以应劭之说简明胜过赵岐注《孟子》。"若崩"二字,形容顿首叩头之状,说的是商纣王之众,闻周武王言,顿首至地,若高山险峻一下子全部崩塌倒地。据此文义,本当云"厥角稽首若崩",今倒言之。俞说:"后人不得其义,而云稽首至地,若角之崩,则不知角为何物,失之甚矣。"可知该倒句之优越在于突出"若崩"二字之形容,该句之准可由与不倒之句义比较而知,由后人误释而"失之甚矣"而知。

吕叔湘先生的《中国文法要略》下卷"表达论"(含"范畴"和"关系"两大部分)也是有关修辞语法,"表达论"之"表达"与修辞学旨在"提高表达效果""对应情境的运用"是相宜的。上卷"词句论"讲词法和句法,可谓之"本体语法"或"科学语法"。吕先生曾总结两种语法书的不同:一种"从听和读的人的角度出发,以语法形式(结构、语序、虚词等)为纲,说明所表达的语法意义",可见从接受者出发,从语法形式到语法意义;另一种"从说和写的人的角度出发,以语法意义(各种范畴、各种关系)为纲,说明所赖以表达的语法形式",[1]可见从传授者、作者出

---

① 吕叔湘《中国文法要略》"重印题记"(1982),载该书,《汉语语法丛书》本,商务印书馆 1982 年 8 月新 1 版。

发，从语法意义到语法形式。前者当是本体语法，主要强调接受者懂得所接受语言表达的准确性，结构、语序、虚词用法自然都要强调准确度。后者当是修辞语法，要求传授者的表达既准确又美好，各种范畴应明确妥当，各种语法关系应安置得当、得体。

吕先生书的"表达论"范畴部分有"数量、指称（分有定和无定两类）、方所、时间、正反和虚实、传信、传疑、行动和感情"八种组成。从字面上看，即可知其蕴涵的修辞性质。以一般说很难有修辞手法的数量部分为例，说单位词（量词）用法：事物可计数，可以直接用数字不用单位词，例《论语·述而》"三人行，必有我师焉"；各种物质不能计数者，必须借度量衡单位或方便计数的单位，例《史记·淮南厉王传》"一尺布，尚可缝，一斗粟，尚可舂，兄弟二人不相容"；抽象观念，既不可数，也不可量，有时可直接加数字，例《庄子·齐物论》"彼亦一是非，此亦一是非"。吕先生将量词的用法，分为可计数、不可计数、不可数不可量者三种情况，可谓分析细致。他又说，在白话里，都要用量词，三个人、一百斤高粱米、一种是非，对比明确。总之，吕先生对有关量词用法的说明准确、到位。从修辞言说好的角度看，吕著讲白话里用"两"也用"二"，"这两个字的分别不容易定出一条简单而概括的规则。只能说，'两'字比较家常些，亲切些；寻常的单位词之前都用它，例如：'有两个人骑着两匹马，走了两天两夜，到城里去买了两口袋米……吃了两个月两星期才吃完。'这里面的'两'字都不能改用'二'。'二'字比较正式些，计算味浓厚些；所以计数时用'二'，如'二十、二百、二千、二万、二万二千二百二十二'"。显然讲"两""二"两个数字如何用得更好，很难有简单规则可循，说不上"准与不准"，只能求更好，更切近日常生活使"家常些，亲切些"，修辞性质甚明。

吕先生书的"表达论"关系部分有"离合/向背、异同/高下、同时/先后、释因/纪效、假设/推论、擒纵/衬托"六种。这六种关系在客观世

界事物与事物间的关系中也很常见。反过来看,语言表达论关系正是
客观事物间的关系在语言世界中的反映。这正可说明语言世界与客
观世界具有同一性。吕先生也说:"两件事情之间,可以有种种关系,
最简单的是联合关系。"又说:"两件事情之间的关系变化多端,单说联
合关系也还可以分出比较松懈和比较紧密的两种,前者可称为联合,
后者可称为加合或积叠。这松懈的联合关系,指两事之间无任何特殊
关系可寻,如时间、因果、比较、转折之类,而又不能说是渺不相关。"①
这些话,诚然都是立足于语法关系来说表达的语法形式的,但读作客
观事物间的关系分析并无破绽,至少我们还可以说,这些语法关系分
析引导我们更深入地认知事物间的关系,联合关系中的加合关系,虽
然是松懈的联合,但可与时间、因果、比较、转折深层相系。下面我们
仍以"离合/向背"为例来说明它的修辞语法性质。

联合关系是最常见,也是最松弛的关系。通常不用关系词,白话、
文言都如此,以"取较整齐的形式",例《史记·匈奴列传》"逐水草迁
徙,无城郭常处耕田之业"。排比句、平行句是更显著的表现。求整齐
为修辞目标。但文言文中有时用"而"字,例,韩愈《圬者王承福传》"舍
于市之主人,而归其屋食之当焉"。吕先生又说此"而"字相对于英语
and,白话无相当的关系词。还有另外一种"相同对象作比较"的情形。
吕先生举出白话里第二小句用"也",文言中用"亦"字,作为"比较而相
同"的限制词。这样用时,"也"字叠用为常,例"我此举也算为你,也算
为我"句,以"为你""为我"作比;而"亦"字以单用为多,例《孟子·告子
上》"鱼,我所欲也;熊掌,亦我所欲也"句,以我之于"鱼"、于"熊掌"作比。

有的句子中"比较意的味很轻",转为只有联合的作用,这时,"也"

① 吕叔湘《中国文法要略》,《汉语语法丛书》本,商务印书馆 1982 年 8 月新 1 版,
第 325 页。

"亦"大都只有单用。例《红楼梦》第六十四回"你就带了他去合你老娘要出来交给他;再者,也瞧瞧家中有事无事"句。《左传·僖公二十四年》"介之推不言禄,禄亦弗及"①。这类句子比不用关系词或单用"而"字的句子要紧密些,两事之间的关系已近于"加合",但"也"和"亦"又不含积叠的意思,和"又"或"且"不同。② 关系紧密,关系近于某,既是语法关系的说明,也是修辞眼光的观察结果。

　　由以上例可知,吕著中的描写是何等细致、入微,用修辞说语法,推动观察更细致、周到,抉发进于深层而准确。当代学者不断从吕著中发现转换生成语法、构式语法等好例,殆缘于修辞语法之途乎。

---

　　① 吕叔湘《中国文法要略》,《汉语语法丛书》本,商务印书馆 1982 年 8 月新 1 版,第 326、351 页。
　　② 吕叔湘《中国文法要略》,《汉语语法丛书》本,商务印书馆 1982 年 8 月新 1 版,第 326 页。

四　古代语文经典《尔雅》

上古汉语时期有三部语文经典:《尔雅》《说文》《方言》。要说汉语文化、汉字文化,当然要追本溯源,寻找语文经典中的文化问题。

《尔雅》将天地万物分成十九类,这是极有创意的文化思想。十九既是确数,又是"言其多"的约数。《庄子》卮言十九,是说《庄子》里的寓言故事很多。十九等于十加九,十是完整的数段,数目字之终,真是"十全十美","九"是个极神秘的数字,甲骨文的"九"字 ᠨ 与"龙"字 ᠤ 极其相近,仅仅头上少了个角,古称"有角曰龙,无角曰虬"。虬,又称虬龙。"九"最早就是指虬龙这样神秘的无角龙动物。《山海经·大荒北经》中的"九凤"是九首人面鸟身之神。"十九"既多且全,又很神秘,这是《庄子》里寓言故事的特点。不管说《尔雅》成书在先秦,还是成书在西汉,说它是最早的语文经典,这是没有问题的。上古将天地万物分成十九类,今天对主客体世界内万事万物的分类,当然要比《尔雅》精细得多。可参《中国大百科全书》第一版说明之,包括哲学、法学、力学、数学、物理学、化学、天文学、语言文字、文学艺术、教育学等,约 80卷,即 80 大类。各卷内的子目是对 80 大类的再分类,如此等等。

《尔雅》十九类以古代解释学的面貌出现,释诂、释言、释训,释亲、释宫、释器、释乐,释天、释地、释丘、释山、释水,释草、释木、释虫、释鱼、释鸟、释兽、释畜。前三类是语言、文字方面的,亦可谓解释语言世界,共三篇 607 条;次四类是双亲、居室、器用共四篇 344 条;再次是天地、自然五篇共 386 条;最后是植物和动物共七篇 770 条,亦可谓解释物质世界。精神世界则被包含在语言世界和物质世界之中。现从十九类中掘发其文化。

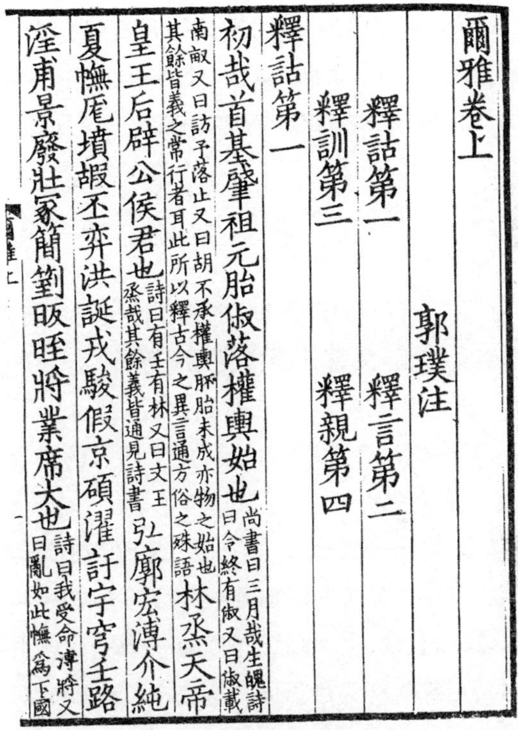

爾雅卷上

郭璞注

釋詁第一　　釋言第二

釋訓第三　　釋親第四

釋詁第一

初哉首基肇祖元胎俶落權輿始也 尚書曰三月哉生魄詩曰令終有俶又曰俶載

林烝天帝 南嶽又曰訪予落止又曰胡不承權輿胎未成亦物之始也其餘皆義之常行者耳此所以釋古今之異言通方俗之殊語

皇王后辟公侯君也 詩曰有壬有林又曰文王丞哉其餘義皆通見詩書

弘廓宏溥介純 詩曰弘廓宏溥介純

夏幠冢晊墳嘏丕弈洪誕戎駿假京碩濯訏宇穹壬路 詩曰夏受命溥將又

淫甫景廢壯冢簡劉昄旺將業席大也 詩曰亂如此憮篇下國

图3　宋本晋郭璞注《尔雅》书影

(一)《尔雅》释"诂、言、训"

《释诂》共 171 条,其第 1 条"初……始也"言万物的开始,这和《说文》开始于"一"终结于"亥"(核)的文化精神是一致的。从先民用刀割兽皮制衣(初)开始,这实际上也是文明社会的开始。有"周公摄政七年三月,标志政治开始清明的'哉生魄'"的开始(哉,才),有"人、建筑物、祭祀、族祖先、《易乾》、生命、动作、叶落再生、草木嫩芽"的开始"首、基、肇、祖、元、胎、俶、落、权舆"。这简直就是文明社会的开始曲。

《释诂》第 2 条"林……君也"。共十字释为"君也"。林,群聚。烝,"衆(众)"的借字。此二字释为"君"是否反映《尔雅》作者的文化联想,群聚之众需要君,否则群龙无首。其余"天、帝、皇、王、后、辟、公、侯"八个字释为"君"。辟,法律、法度,古法令体现君王旨意。后,本指母系社会的氏族女首领,父系社会指男性统治者,《楚辞·离骚》:"如三后之纯粹兮,故众芳之所在。"王逸注:"后,君也。谓禹、汤、文王也。"周代以后,男性统治者称"王","后"成了国君的正妻。"后"字的解释背后,竟有一部文化史。

《释诂》第 3 条"弘……大也"。共三十九字释为通语词"大",是《释诂》最长的条目。其中有见于西汉扬雄《方言》的方言词共十个字:"夏、幠(怃)、庞、墳(坟)、碬、戎、京、濯、訏(吁)、将",其余二十九字则为古语词(含冷僻字),最后都解释为通语词。这完全反映《尔雅》"近正"的雅学思想,融古语和方言俗语为通语。其中"业,大也",透露出古代的音乐文化信息。"业"本为古代悬挂乐器的木架上的大版,状如锯齿,用来挂钟、鼓、磬等。出土文物楚国的大编钟(见附图)就挂在这上面。①

① 曾侯乙编钟,1978 年出土于湖北省随州市,是战国早期的大型礼乐重器。它由 65 件青铜编钟组成,气势恢宏,总重量有 2500 多公斤,加上横梁,就是《尔雅》所说的"业",立柱等构件,用铜量有五吨之多。它拥有迄今所知道的最为完整的周代乐音系列及其乐律称谓体系,十二个半音齐备,且每个编钟都能发出两个乐音。它的高超的铸造技术和良好的音乐性能,改写了世界音乐史。

图 4 曾侯乙编钟

又"大"是状物词,较抽象。解释"大"的意义通过各种大物来完成。例如:"弘"为大弓声或为大容量,"廓"为大的外城,"溥"为大水,"介"为大人,"坟"为大高地。如此等等,反映词语解释的认知过程,也是古人解释词义的重要方法,即由具体说抽象。

《释诂》"仪……善也"条,反映古人对美善的看法。仪,法则、标准,引申为合宜、美善。若,甲骨文像人举起双手理顺自己的头发,顺从、和善。祥,吉祥为善。淑,贤淑为善。省,省察促人为善。臧,战俘、奴隶,甲骨文像以戈刺人目形。杨树达《释臧》认为此字是沦为奴隶后恭顺不横姿,为善。"臧"字反映了古代奴隶制社会多种信息。嘉、令,皆以美好为善。类,由类别引申为法则、榜样而善。綝,良,善。彀,古以善于射箭为善。攻,工,以工巧精细为善。穀(谷),以粮食给养百姓为善。介,甲骨文像人穿盔甲形,又作价,披盔甲者,价人为卿士掌管军事者,《诗·大雅·板》有"价人维藩,大师维垣"句,意思是"好人好比是藩篱,大众好比是围墙",治国者应明白此"树好人作榜样,依靠百姓大众作屏障"的道理。《尔雅》以介(价)为善,文化信息甚多。徽,以徽帜、标帜为美善。以上美善种种,反映了上古的审美观、美善观。

《释诂》"怡……乐也"条,反映古人的和乐文化,亦即精神文化之一种。怡,和悦,和颜悦色之快乐。怿、悦、喜,喜悦之乐。欣,欣喜之乐。衎(kàn)、恺,欢和之乐。愉,愉快之乐。豫,安定之乐。康,安康而乐。今"康乐"一词见于此。妣,又作"媅",快乐过甚。般,甲骨文字形像手持棍棒击盘子,"盘"字古写,盘游之乐。以上八种快乐,也反映了古人心理分析之细微。

《释诂》"靖……谋也"条,讲思虑,反映古人对思维活动的概括,亦精神世界范畴。靖,图谋,特别是为国家谋划。《诗·大雅·召旻》有"靖夷我邦",谋划安定国家。此条目列:思维、图谋、查询征求、审度、商量谋划、聚而谋划政事、探究、揣度、思虑、用谋略、用心计、及早谋划、从基础开始谋划、探访而谋。从语言文字看,它们是同义词组列;从精神活动看,有为谁谋、如何谋、含主观思虑之谋和客观谋划之路等。说它是古代思维科学之一角,似不为过。

《释诂》"典……常也"条,寻求常规,常则。典,甲骨文字形像插放在案几上的竹简典册,为五帝之经籍;彝,宗庙常用的祭器。儒家的常规法则来自这两种物品,不比老子的"道",来自"天地之始"。"法、则、刑、范、矩、律"皆常规。庸,需要,用,日常之用。恒,恒久,平常普通。戛(jiá),本义是戟,戈矛类武器,此作楷模之常。职,古以失职为失常业和常理;秩,古代官吏职位、品级,故以职、秩为常。此条明儒家常道之来源,并以日常之用、普通恒久、为人楷模、职、秩以为常事、常理、常道,文化内涵颇丰富。法则、法和"常规"在意义上是有交叉的,故"柯……法也"条去掉了日常之用等常事、常理,增加了"柯,制造器具之法度、准则。宪,法令。辟,刑法",增加了制度、法令意义上的说法,反映了古人对常规和常法、法则和法令的细致区分与辨析。此外,《释诂》还有"迪、繇(猷)、训,道也"条,以启迪开导、道理法则、教诲训示为途径、方法、道理之"道"。可见儒家的"道"总是比较具体的,可行的。对"常规""法则"的解释也是这样。

《释诂》"旺旺……美也"条。旺,旺,火光炽烈。皇皇,盛美,辉煌,尤指人物伟岸高大。藐藐,美貌,原本指植物生长之美,《诗经·大雅·崧高》用指供奉祖先牌位的寝庙之美。穆穆,恭敬、端庄之美。休,由歇息引申而来的美。嘉,嘉赞之美。珍,珍贵而美。"祎(huī)"借作"袆(yī)",尤指德美。懿,大德之美。铄,器物金光灿灿之美。共列十种,古人"十全十美"有具体内容哩!这"十美",成为古人美的视觉中心。火光、伟岸、植物、建筑、人品、道德、器物之美,多与人的生活,人本身相关。与"美"字条密切相关的是"和"字条,即所谓"美和并蒂"、

"和和美美"。谐,和谐。辑,和睦相处。协,协同。此"三和"多指人相处。关关、喈喈,由鸟鸣和泛指"音声和也"。龥,心思相和。燮,调和,使大范围内和谐。这"七和"是有层次的,人与人相处之和,音声相和,心心相印之和,广大之和。综观"美和",可见古人的"和和美美"还挺有讲究。

《释诂》:"厤、秭、算,数也。"厤,古曆(历)字。制定历法离不开数。秭(zǐ),古代数目字,晋代郭璞以为十亿为一秭,东汉许慎《说文》以"数亿至万曰秭"。《诗经·周颂·丰年》:"亦有高廪(lǐn 粮仓),万亿及秭。"毛传:"数亿及万曰秭。"算,计算。制历法、计数、计算,都离不开数,又可知《诗经》的时代,公元前 5 世纪至 6 世纪,以"数亿及万"为一秭,已是大数额的计算。此条涉及上古的数字文化。

《释言》共 307 条,首条"殷、齐,中也"。《书·禹贡》有"九江孔殷"句,意即长江中下游地势适中。齐,整齐,齐一而中,亦指山东齐地为天下之中央。反映上古的地理文化观念,以齐地为天下之中,以儒家文化发源地为天下的中心也。北大何九盈先生以此为据,推断《尔雅》作者为齐鲁儒生。

《释言》"履,礼也"条。履,实行。此条强调礼应当付诸实施,不能停留在口头上。古代礼学文化的实践性,约略可见。

《释言》"隐,占也"条。隐,审度。《管子·禁藏》篇有君子"下观不及者,以自隐也"句,意即君子审度自己有不及之事,当效贤人从事之。占,察看甲骨的裂纹或蓍草排列的情况以推测吉凶,引申为揣度。"隐、占"二字在测度、考量意义上相合。二字的解释,涉及君子自省、上古卜筮文化。

《释言》"粲,餐也"条。粲,精米。《说文》"粲"字下,段玉裁注:"稻米九斗而舂为八斗。"古代贵族以精米为饭食。又"宜,肴也"条。宜,金文字形像俎上有肉,表示切肉的砧板,引申为菜肴。《诗经·郑风·

女曰鸡鸣》有"与子宜之"句，与宾客作鱼肉菜肴共食之。此二条可知古代餐饮文化一二。

《释训》共 129 条。其"暴虎，徒搏也。冯河，徒涉也"条，为成语"暴虎冯河"出处，意即空手打虎，无舟渡河。比喻冒险蛮干，有勇无谋。"暴"的初文"虣"，裘锡圭先生考释甲骨文、金文中的"虣"字，认为很像用戈、钺之类的武器打虎。古代打猎乘坐田猎之车为之，"暴虎"是指未乘车徒步搏虎，不是徒手搏虎。（见《文物》1976 年 12 期）故成语"暴虎冯河"当比喻勇敢。亦可借此而知古代的田猎文化。

《释训》"篃篃，口柔也"，"戚施，面柔也"，"夸毗，体柔也"，此连续三条，言人光说好听的话，施好脸色，不敢直面人，卑躬屈膝的软骨头，形象生动贴切。指讨好、面谀、没骨气，皆鄙视为人不正直。可知古人道德文化和心理文化的交织。

《释训》最引人注目的是叠字。清人认为它开了后世诗文用叠字的先河。有云："李易安《声声慢》词：'寻寻觅觅，冷冷清清，凄凄惨惨戚戚。'连叠七字，昔人称其造句新警。其源盖出于《尔雅·释训篇》，篇中自'明明'至'秩秩'，叠字凡一百四十四，'殷殷惸惸'（qióng qióng）一段连叠十字，此千古创格，亦绝世奇文也。"①

《释训》"鬼之为言归也"条，与《礼记·祭义》"众生必死，死必归土：此之谓鬼"的说法相一致，古代还称死者为"归人"，皆反映古人对死亡的唯物看法。视死为归土，回到黄土地，大致可反映东汉明帝佛教传入中国之前先民对死亡的一般看法。"之为言"三字，古代训诂术语，一般反映被释词和训释词之间词义相通，且有音同或音近的关系。

《尔雅》前三篇，都用"也"字，共 609 个，曾引起关切。清人认为文

① ［清］陆以湉《冷庐杂识》，冬青校点，上海古籍出版社 2012 年 12 月第 1 版，第 203 页。

章终篇用"也"字,都是受此影响。如欧阳修《醉翁亭记》,王安石《志葛源》,韩愈《张彻铭》《祭潮州大湖神文》,宋代柳仲涂(柳开)《李守节志》,苏轼《酒经》,宋代陈止斋(陈傅良)《戒河豚赋》,宋代汪浮溪(汪藻)《胡霖志铭》,元代姚燧《仰仪铭》,皆其例。先秦除《尔雅》前三篇外,《诗》之《墙有茨》《君子偕老》篇亦然,《荀子·荣辱》《孙武兵法·行军》《论语》《孟子》亦备此体,《公羊》《穀梁》二传尤多。"也"表判断的句末语气词,从《尔雅》《诗经》至元代,喜作此判断法,思致乎?句法传承乎?抑或直接系始于《尔雅》三篇乎?按照清人的说法[①],是最后者,是一"也"字文化链,殊可备一说。

由以上可知,《尔雅》前三篇共 607 条普通词语,都是语言世界本身的,但绝不是如同"之为言"三字纯属语言解释本身,而是涉及客体世界的物质文化、主体世界的心理文化和精神文化等诸多方面。

(二)《尔雅》释"亲"

《尔雅·释亲》共 94 条词语,都是解释亲属称谓的,多达 102 种,又可分宗族(父系)、母党(母系)、妻党(妻系)、婚姻(因嫁娶结成的亲属关系)。芮逸夫说:"《尔雅·释亲》实为探讨我国古代若干种制度的重要资料,也是现代民族学研究的重要比较资料。"

宗族:父系同姓,故称族;母系、妻系别姓,故称党。

首条"父为考,母为妣",表明不分存殁均可用以称父母。郭沫若《释考妣》的结论同此,即无存殁之别。父妣、考母皆可对。考妣对是后世事,存殁别更是后世事。此条不分存殁,只反映录入上古称谓。

---

① [清]陆以湉《冷庐杂识》,冬青校点,上海古籍出版社 2012 年 12 月第 1 版,第320 页。

父考无别、母姚无别之称谓的背后是年代学文化。

"父之考为王父"条系之以"父—祖父（王父）—曾祖父—高祖父""母—祖母—曾祖母—高祖母"，四代。此条以"父、母"为视点。

"父之世父"条系之以"父亲的世父（伯父）、叔父为从祖祖父—父亲的兄弟，先生的称世父（伯父），晚生的称叔父"。"父之世母、叔母可推。"此条以"父"为视点。

"父之从父昆（昆）弟为从祖父"条系之以"父亲的堂兄弟，即自己的堂伯父、堂叔父称为从祖父—父亲的堂伯父、堂叔父称为族父—族父的儿子们相互称族昆弟—族昆弟的儿子们相互称亲同姓—兄的儿子，弟的儿子，亦即堂兄弟之间互相称从父昆弟"。此条以父亲为视点。

"子之子为孙"条系之以"孙—曾孙—玄孙—来孙—昆孙—仍孙—云孙"，亦所谓祖孙九代。许嘉璐先生因"来孙"等四者不见于经传，视为杜撰，认为"没有语义实际的基础"。

此外，还有以"王姑"（姑奶奶）、父亲堂兄弟的母亲、父亲远房伯叔祖母、父之妾、祖父为视点系之的称谓。

以上构成父系称谓系统，当然也是最早的父系称谓系统，它的意义实在是为父系同姓的宗族内部的制度正名，是儒家正名思想在家族内部的具体实施。家庭是社会的细胞，宗族内部的称谓、正名的社会学意义并不一般。

母党：指母系亲属。

首条"母之考为外王父，母之姚为外王母。母之王考为外曾王父，母在王姚为外曾王母"条，即今称外公、外婆、外太爷爷、外太奶奶。此条"考姚"不分存殁，"母之姚"正是"母姚"同指不分，这里显然还有语言表达上的需要，如说"母之母为外王母"，成了绕口令式的说法了。

与"宗族"首条同,且可成为《释亲》首条年代学含义之内证。

此外,还有以舅、姨系之的称谓。

妻党:指妻系亲属。因古代婚姻形态的复杂性,妻党的称谓也是复杂的。张清常《尔雅释亲译注》说:"不但有男子对妻系亲属的各种称谓,还包括了男子对姑、舅、姊、妹之子的称谓,女子对兄弟之妻与子、姊妹之夫以及丈夫兄弟之妻的称谓。"称谓源于婚姻,当然也可由称谓来推究古代婚姻形态。

"妻党"首条"妻之父为外舅,妻之母为外姑"条,即岳父称外舅,岳母称外姑。唐朱庆余有诗:"昨夜洞房停花烛,待晓堂前拜舅姑。妆罢低声问夫婿,画眉深浅入时无?"其中舅姑,指公公婆婆。张清常以此称谓为"远古母系,亲属关系之遗迹"。胡奇光、方怀海《尔雅译注》:"古代行近亲结婚,男子娶舅父的女儿或姑母的女儿为妻,女子亦以舅父的儿子或姑母的儿子为夫,在这种交表婚制下,舅父当然就是公公(舅)或岳父(外舅),姑母是婆婆(姑)或岳母(外姑)了。"

"妻党"次条"姑之子为甥"条,以姑母的儿子为甥(今称表兄弟),以舅舅的儿子为甥(今称表兄弟),以妻子的兄弟为甥(今称内兄内弟,即大舅子、小舅子),以姊妹之夫为甥(今称姊夫、妹婿)。郭沫若《释祖妣》以此为上古"亚血族群婚制的遗迹"。

"妻党"第三条"妻之姊妹同出为姨"条说,妻子的姊妹出嫁后称姨,今不论出嫁与否,均可称姨,俗称大姨子、小姨子,反映称谓的古今变化。"同出"或各自行嫁,或共事一夫,反映古代婚姻形态的复杂性。古代贵族女子出嫁,姊妹或女仆随嫁。又说,妇女称姊妹的丈夫为私。今女子称姊妹之夫为姐夫、妹夫。私,有恩私,亦古代婚姻形态复杂性的反映。"同出""私",均属郭沫若所说的上古"亚血族群婚制的遗迹"。

婚姻:男婚女嫁结成的亲属关系,故置于《释亲》。

首条"妇称夫之父曰舅,称夫之母曰姑"。例同"妻党"首条。徐朝华更明确此称呼源于母系社会,说:"已婚妇女称丈夫的父母为舅姑,来源于母系社会群婚的婚姻形式。"后代沿用,"在不是姑舅表婚的情况下,也称妻父或夫父为舅,称妻母或夫母为姑"。

"婚姻"次条"夫之兄为兄公,夫之弟为叔",俗称大伯子、小叔子。"兄公"一词,许嘉璐先生由"格外尊重,以亲属核心词为基础,往上叠加,既是通例,造一个'兄公',有何不可",对此称谓的来历做出构词法的解释。

(三)《尔雅》释"宫、器、乐"

《释宫》共86条,解释有关居室(宫)建筑的总名称和各部位的名称,以及道路建设、桥梁建筑等土木工程的名称。《释器》解释各种器物、材料、制作工序之名。《释乐》解释音乐的术语和多种乐器的名称。乍一看,《尔雅》以《释乐》与《释宫》《释器》接排,颇不类。现代艺术以建筑、雕塑、书法、绘画、音乐、舞蹈、戏曲七大类相系,《尔雅》将音乐与居室建筑等类列,实无不当,抑或上古艺术文化思想之初始建构。

上古"宫"字的意义范围很大,凡住家房屋皆可称宫;秦汉后范围缩小,帝王居室称宫,如阿房宫、未央宫;今天词义又扩大了,如劳动人民文化宫、太阳宫。"宫"字甲骨文像山坡下两个山洞并列或相接,正是原始先民的居室。

《释宫》首条"宫谓之室,室谓之宫",完全明确"宫"在先秦的居室含义。居室,除了普通人的住房,当然也包括皇家贵族的居室。秦汉以后专指后者。

《释宫》"西南隅"条将室内的西南角称为奥,西北角称为屋漏,东北角称为宧(yí),东南角称为窔(yào)。此条除了可知房室内构外,还可知先秦辨别方向的能力已甚全,甚强。

《释宫》"宗(máng)霤(liù)谓之梁"条,讲了房屋的总体结构,有屋中央的大梁,有支撑上梁与下梁之间的短柱,又名侏儒柱。有门柱上的方木、屋柱上支撑大梁的方木、前梁、方形的椽木、长而直达屋檐的方椽、短而不能直达屋檐的方椽、檐排除雨水的屋檐。旧时木质结构房屋的主体大抵如此了。《释宫》此条可谓古代住房建筑的简单说明书。

《释宫》"一达谓之道路,二达谓之歧旁,三达谓之剧旁,四达谓之衢,五达谓之康,六达谓之庄,七达谓之剧骖,八达谓之崇期,九达谓之逵"条。上古先民已设计出四通八达的通衢和康庄大道。此条涉及上古道路交通,从通往一个方向的至通往九个方向的,各有命名,实为道路交叉的路况立制,谓之上古道路文化可矣;讲路况又涉及了古代数字文化。胡奇光、方环海《尔雅译注》:"汪中《释三九》云:古人常'约之三以见其多','约之九而见其极多'。故对《释宫》'三达谓之剧旁'、'九达谓之逵'等说法,不必泥于文字,因为三、四、九云云,只表虚数,并非实指。"

《释器》广收民生实用器物,除了《释宫》收建筑,《释乐》收乐器之外,还有衣、食、行、耕战、田猎之服饰、饮食器、车马、农具、捕具、兵器、玉石、写具等,共收器、物、加工等132条,大致可观上古民生状况,正是标准的"物质世界"文化类。

《释器》共128条,其首条:木制的古代盛器豆叫梪,竹制的豆叫籩(笾),陶制的豆叫登。豆,盛食物的器皿,也用作礼器。陶制的、玉制的、铜制的,考古中多有发现。《尔雅》言木、竹、陶制豆,甚早。此条亦可知《释器》尽量录入先秦时期的器具。

传说上古有个玉器文化时代,学界多方求证。其实《尔雅》就有一证,《释器》收玉器、玉事十五条:瑞、区(十块玉)、雕、琢、璆、琳、珧(玉弓)、珪、珩、璋、琡、璧、瑗、瑗、环。且从珩之后都是有尺寸大小的,如说珪的高度达一尺二寸的叫珩,璧的直径六寸的叫瑄,如此等等。

特别要说及的是《尔雅·释器》对玉璧、玉瑗、玉环的区分。"肉倍好谓之璧,好倍肉谓之瑗,肉好若一谓之环。"意思是说,边大倍于孔者名璧,孔大而边小的叫瑗,边孔大小相等者叫环。据今考古发现,玉璧最早产生于新石器时代,一直到清朝,都有不同形制和纹饰的璧发现。今可见西汉蒲璧和汉蒲纹玉璧。蒲璧指璧面为蒲纹的璧,象征草木繁茂,欣欣向荣。周制,蒲璧为男爵所执。此外,还有天子祭祀天的拱璧,用于朝聘的谷璧,礼苍天的苍璧,作佩饰用的系璧。玉瑗和玉环,今可见距今约 4000 年至 3500 年的齐家文化中的玉瑗,唐青玉透雕牡丹环。[①]

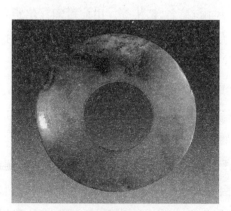

图 5　齐家文化中的玉瑗

周代乐器的数量与种类远远超过了夏商时期,见诸各类文献记载的乐器约有 70 余种,仅《诗经》提到的就有 29 种之多。《尔雅》中的记

---

① 以上有关玉器文化资料见窦广利《古玉六百问》,台北品冠文化出版社 2015 年 4 月,第 72、73、81 页。

载是以三代音乐文化为基础的。《释乐》共 36 条,首先讲了五声宫、商、角、徵、羽,还介绍了二十五种乐器:大瑟,大琴,大、小鼓,大磬,大、小笙,大籆,大埙,大、中、小钟,大、小箫,大、中、小管,大、中、小篪,柷和击柷器,敔和击敔器,大、小鼗,控制节奏的乐器节。演奏法六种,如单独弹奏瑟叫做步,等等。二十五种乐器已经包括了周代提出的"金、石、土、革、丝、木、匏、竹"八音分类法中的一些主要乐器。《尔雅·释乐》亦可谓五声八音,吹弹唱击具全,从五声、乐器、演奏法等,系统地展示了上古音乐文化。

(四)《尔雅》释"天、地、丘、山、水"

1.《释天》的天象

《释天》共 106 条,解释有关天文、历法、气象等的专有名词,分四时、吉祥、灾异、风雨,星名、祭祀等。由此可知,《尔雅》作者笔下的天,已不是纯粹的大自然之天,而是人化了的自然之天,这一观念很有代表性。

《释天》"四时"类首条"穹苍,苍天也。春为苍天,夏为昊天,秋为旻天,冬为上天"条,以苍穹为苍天。春亦名苍天。四季皆有别名,近乎"诗性智慧"的想象,文献中并不以此为定称。

《释天》"祥"类首条"春为青阳"条将四季、五行、颜色相系,秋春冬夏、金木水火、白青黑赤相对应。故金色的秋天又称白藏,碧绿的春天又称青阳,黑夜漫漫的冬天又称玄英,赤日炎炎的夏天又称朱明。先秦五行文化,颜色文化皆与四季相系。太平盛世,四时之气和畅,其美如玉,其明如烛,故谓"四时和谓之玉烛",古籍《玉烛宝典》之命意,正取此处"'四时和'之盛世"宝贵典籍之意。次条将春夏秋冬别称为"发生、长赢(盈)、收成、安宁",以生产、生活命名四季,亦思致创意。又称"四时和"为"通正",并"谓之景风",即四季风调雨顺,万物通畅平正,一片太平景象,盛世风光。

"灾"类称"谷不熟为饥(饑),蔬不熟为馑,果不熟为荒,仍饥为荐",仍饥,连年粮食歉收。将粮食果蔬之荒分别言之,语言文化同义词辨析的背后,是古人对实体世界的独到观照和主体思致的到位。

"岁阳"类为十天干"甲、乙、丙、丁……"岁星纪年法。如说"太岁在甲曰阏逢","在癸曰昭阳",等等。"岁阴"类为十二地支"子、丑、寅、卯……"岁星纪年法。如说"太岁在寅曰摄提格","在丑曰赤奋若",等等。岁阳、岁阴相配,组成如"阏逢摄提格"(甲寅)等六十个年名。因太烦,东汉干脆改成了干支纪年。但后代乃至近代,文人雅士的题款中还能见到此纪年法。此外,还有按十天干为农历月份取别名(月阳),如说"月在甲曰毕,在乙曰橘,在丙曰修……在癸曰极"。按农历正月至十二月另取他名(月名),如称"正月为陬(zōu),二月为如……十一月为辜,十二月为涂"。

"风雨"类涉及风、雨、雪、雾、霾等气象。

"星名"类涉及十二次、二十八宿、四象等,庄雅州、黄静吟《尔雅今注今译》(台湾商务出版社,2012)说:"前此籍从未有将古代天文史料整理得如此精简,如此有条理者。"

古人为了说明直观到的太阳视运动和由此引起的四季的变化,并对应地上的分野,以说明地理位置,将黄道附近一周天(365.25度)按由西向东方向划分成十二等分,叫十二次(每次30.4375度),西洋天文学叫作黄道十二宫。太阳在黄道附近作视运动,走完一周天,亦即走完十二次为一年。十二次为:星纪、玄枵、娵觜(jū zī)、降娄、大梁、(实沈)、(鹑首)、鹑火、(鹑尾)、寿星、大火、析木(括号表《尔雅·释天》缺此,下同)。

四象和二十八宿:东方苍龙七宿,角、亢、氐、房、心、尾、箕;北方玄武七宿,斗、牛、(女)、虚、(危)、室、壁;西方白虎七宿,奎、娄、(胃)、昴、毕、(觜)、(参);南方朱雀七宿,(井)、(鬼)、柳、(星)、(张)、(翼)、(轸)。"四象"是说将有关星宿勾连在一起,就像苍龙、玄武(龟)、白虎、朱雀,这本身就是诗意般的想象创造的天星文化。至于《尔雅》不录的星名,分野多秦地、楚地,何九盈先生认为是《尔雅》作者齐鲁儒生文化抗衡心理的反映。

此外,《释天》还涉及祭祀、讲武(打猎、立庙、用兵)、旌旗。祭祀的对象有天神、地神、祖先,讲武与祭祀和季节有关,旌旗是讲武的指挥系统,故都合于《释天》。可见《尔雅》的"天"是合天、地、人的天,这也是《释天》的天地宇宙观。又《释天》分十三类叙事,体现了对广袤无垠的天的观念分类,亦古代文化思想。

2.《尔雅》释"地、丘、山、水"

顾颉刚《读尔雅释地以下四篇》云:"《尔雅》篇次,自第九至十二为《释地》《释丘》《释山》《释水》,虽分之为四,而合可为一。故《释地》以九州始,《释水》以九河终,而《释水》篇之末曰:'从《释地》以下至九河,皆禹所名也。'以此见此四篇皆得之于禹之遗文,视其他十五篇为高古,亦独为联贯。……《尔雅》作者以此四篇之物名属之于禹所题,是固'托古'之恒情。"(《史学年报》二卷一期)由此可知,此四篇可合而观之;独立成四篇是仿其余十五篇例;当是战国后的托古之作,故后汉孙炎、晋代郭璞以此四篇为夏代文献不可信。

《释地》共 66 条,分九州、十薮(湿地)、八陵(土山高大而上平者)、九府(藏宝之地)、五方(东南西北中)、野(郊野)、四极,共七大类。

《释地》作为上古地理,宝贵至极自不待言。如"九州"有"江南曰扬州"条。《禹贡》言淮海惟扬州。郝懿行以《尔雅》"变淮言江者",可"明扬、徐二州以江为界,江南为扬州,即知江北为徐州矣"!庄雅州、黄静吟以《尔雅》之扬州大致包括今江西、浙江、福建北部、江苏、安徽的江南部分地区。上古有十大湿地,亦令人称奇和赞美。"九府"类

"东方之美者,有医无闾之珣玗琪焉",东方最美的宝物是医巫闾山上的美玉珣玗琪。段玉裁《说文注》以"医无闾、珣玗琪皆东夷语",即先秦的外来语。让人获知先秦东方宝物在何处,彼时已有外来语。

《释丘》共49条,列出"顿丘、陶丘"直至"黎丘"共内38个丘名,厓岸名13个。首条以丘的层次命名,一层的叫敦丘,二层的叫陶丘,二层呈尖锐形的叫融丘,三层的昆仑山叫昆仑丘;又如说左高叫咸丘,右高叫临丘,前高叫旄丘……如此之细分,更38个丘名,实在是古人用心所至。一一命名,简直有些物活论倾向,完全体现了人对山丘的感情,更不必说古人祭祀山丘,人与自然完全处于和谐相处的文化状态。有的丘还有深厚的文化积淀,如营丘,《史记·齐太公世家》:"武王已平商而王天下,封师尚父于齐营丘。"这里曾是姜太公的封地。

《释山》共50条,列出山名(含山的组成部分、走向)共50个,一如《释丘》之用心和和谐文化状态。再则,命名落细不是多余的,它意味着解释力度大。如"山有穴为岫(xiù)",山洞雅称"岫",陶渊明《归去来辞》:"云无心以出岫,鸟倦飞而知还。"

《释水》共55条,分水泉、水中、河曲、九河四类。"水泉"收了水流、水流状况,与水有关的活动等叫法64条。水流状况,进入语言系统后成了同义词辨析。反过来看,同义词辨析是水流动实状的描写记录,可见语言世界文化与实体世界文化难分难解。如说:"水注川曰溪,注溪曰谷,注谷曰沟,注沟曰浍(kuài),注浍曰渎。"五个同义词的背后是注水实状的调查。"九河"类"徒骇"条列出大禹治水时代黄河下游九条支流的名称,是宝贵的远古水文史料。上海博物馆《战国楚竹书》第二册《容成氏》第24、25简有"决九河之阻"句,若非《尔雅·释水》,此"九河"句终难索解。

（五）《尔雅》释"草、木"

《尔雅·释草》共 229 条，其"草"字，本应作艸，《说文》："艸，百卉也，从二屮。"又："草，草斗，栎实也，一曰象斗。"即橡树果实叫草。《释草》用俗字。约定俗成，由来已久，不必改从本字。邵晋涵《尔雅正义》："此篇所释，或别其异名，或详其形状，或以类相从，或前后互见，多切于民用，不徒为兴喻之资焉。"邵说大抵已说清了《释草》的文化摹状。《释草》解释了 205 种草（花）名。其中"荷"条："荷，芙蕖，其茎茄，其叶蕸(xiá)，其本密，其华菡萏(hàn dàn)，其实莲，其根藕，其中的，的中薏。"荷，又名芙蕖，它的茎叫茄，叶子叫蕸，地下茎叫密，花叫菡萏，果实叫莲房，根叫藕，莲子叫的，莲子心叫薏。原句型为"其 AB"式形成的顺承并列排比句，读来一气呵成，痛快而愉悦，更加美的享受，委实是一首荷文化歌。

《释草》最后一条："木谓之华，草谓之荣；不荣而实者谓之秀，荣而不实者谓之英。"第三句衍"不"字。树木所开的花叫花，草开的花叫荣；开花而结果实的叫作秀，开花而不结果实的叫作英。四句话都离不开个"花"字，知识加鲜花，你能说它不是一首花卉曲？

《释草》有蕨："蕨，虌。"《诗·召南·草虫》："陟彼南山，言采其蕨。"隋陆德明《经典释文》引《草木疏》："周秦曰蕨，齐鲁曰虌。"可见虌就是蕨，是蕨的别名。蕨，一种蔬菜，今天还在吃。虌，读 biē。蕨，两亿多年以前，甚至在更遥远的年代就有了，它曾经是恐龙的食物。这就像电影《侏罗纪公园》里描述的那样，到处是地球的主人恐龙，到处是蕨类和裸子植物。① 后来，距今六千五百万年前，一颗巨大的陨石曾

---

① 这些说法据李汉荣《植物传奇》，载《光明日报》2015 年 11 月 27 日第 15 版；张宏祥《在沙漠里的植物故事》，载《光明日报》2016 年 1 月 22 日第 10 版。

撞击地球,使得君临地球长达一亿数千万年的恐龙绝种。恐龙灭绝了,蕨却存活下来了。就是这部《尔雅》,留下了恐龙的食物蕨的踪影。

《尔雅·释木》共 117 条,收木 121 种。要解释如此多的木名,在缺乏植物学,缺乏学名的时代,实在不易做到,故解释的方法除了以别名释本名之外,比喻和描摹引人注目。如"枞"条:"枞,松叶柏身。桧,柏叶松身。"枞,树叶如松,树干如柏。桧,树叶如柏,树干如松。完全用比喻(明喻)的手法。逻辑上是在语言研究中尤显重要模态逻辑。又如"句如羽"条:树枝卷曲如同羽毛的叫乔,像楸树那样的树木称为乔,像竹箭那样的树木称为苞,像松柏那样的树木称为茂,像槐树那样的树木称为茂。此外,树枝向下弯曲的叫朻,树枝向上弯曲的叫乔。《释木》让我们在众多树木的解释中看到了大量的比喻和描摹文化。

清人以《尔雅》释草木为"好诗料",其余只是"碎金"而已。孔子称《诗》"多识于鸟兽草木之名",清人"谓《尔雅》是一部好诗料"。释草木的书"还他如陆玑《诗草木疏》,刘杳《离骚草木疏》,王方庆《园庭草木疏》,李文饶《山居草木疏》,皆诗家之'碎金'也"①。

(六)《尔雅》释"虫、鱼、鸟、兽、畜"

《释虫》共 83 条,收了 69 种虫名,解释昆虫名称或昆虫习性。如"蜩,蜋蜩"条,收录蝉的总名,因大小不同及方言的名称共 13 个;"蠯螽"条收录蚱蜢 10 种;"蟓,桑茧"条,收蚕儿和茧名 8 种,也够开人眼界的了。爱虫一族,无妨读一读《尔雅》的虫文化。

《释鱼》共 60 条,收鱼类及龟、蛇、贝等动物共 42 种。如首条"鲤",次条"鳢",说明是两种鱼,但《诗》毛传、《说文》《尔雅》舍人注都

① 相关资料参见[清]阮葵生《茶余客话》,李保民校点,上海古籍出版社 2012 年12 月第 1 版,上册第 243 页。

75

以鲤、鳣为同一种鱼,皆误也,而《尔雅·释鱼》不误。鳣,鲟鳇鱼,俗称黄鱼。可见《尔雅》解释之正确,颇不易。末条将龟分成十种:神龟、灵龟、摄龟、宝龟、文龟、筮龟、山龟、泽龟、水龟、火龟。可谓上古龟文化。实际上是对《周易·损》"十朋之龟"的一种解释。"十朋之龟",是用来占吉凶,决疑难的十类宝龟。晋代郭璞《尔雅图赞》专门赞扬了这些神龟:"天生神物,十朋之龟,或游于火,或游于蓍。"朋,古代货币单位。十朋,二十贝,此处言价值昂贵。

晋代以博学著称的蔡谟,误将小小的蟛蜞作螃蟹,烹食而中毒险遭丧命,被讥为"读《尔雅》不熟"。更多的人则不知《尔雅·释鱼》还收有"长江三鲜"中除河豚以外的鲥鱼、刀鱼条目。《释鱼》:"鲦,当魱。"郝懿行《尔雅义疏》:"魱、鲅、鲥实一类,出于江海为异耳。"清《冷庐杂识》"鲥鱼"条引《尔雅》:"鲦,当魱"条[1],并郭注:"今江东呼最大长三尺者为当魱。"引邵晋涵《尔雅正义》谓:"即鲥鱼。"并说:"杭州鲥初出时,豪贵争以饷遗,价甚贵,寒窭不得食也。凡宾筵,鱼例独后,独鲥先登。"有诗为证:"银光华宴催登早,鳢味寒家馈到迟。""银光",指鲥鱼,因鲥鱼腹部具棱鳞,鳞下多脂肪,呈银白色。"鳢味",指一般的鱼。民间向有"鱼到酒止"之说,故"鱼例独后"。庄雅州、黄静吟《尔雅今注今译》引施孝适称:鲦即鲥,鱼纲,鲱形目,鲱科。中国沿海均有分布,肉鲜美,因其出有时,故称时鱼。庄、黄译:"鲦,就是鲥鱼。"《释鱼》紧随"鲦"条之后的一条是:"鮤,鱭刀。"郭璞注:"今之鮆鱼也,亦呼为魛鱼。"魛鱼,即刀鱼。今长江鲥鱼已不存,人工养殖亦无望。由《尔雅》可知上古即有鲥鱼、刀鱼,弥足珍馐!

《释鸟》共115条,收87种鸟名。"春扈(hù)"条,收农桑候鸟八种,

---

① 见[清]陆以湉《冷庐杂识》,冬青点校,上海古籍出版社2012年12月第1版,第173页。

除了春夏秋冬四扈外,还有桑扈、棘扈、行扈、宵扈,缺一种老扈。古代有所谓"九农正",管理农事的九种鸟。又"鹬雉"条收录野鸡13种,并入上文鸤诸雉共14种,与《说文》"雉有十四种"之说相合。养鸟族或许能在此找到他所喜欢的古今鸟。清人收集"禽言",以为春夏之交鸣于大江南北,若"家家看火""割麦插禾""淮上好过""沙糖麦裹"等叫声的布谷鸟,就是"《尔雅》所谓'鸤鸠,鹄鵴'"①。

《释兽》共72条,收63种兽名。分寓属、鼠属、齸(yì)属、须属。

寓属本指寄居在树木上的兽类。实际上是说一般的兽类,并不住在树上。寓属收48种兽,开头三条:麕、鹿、麋。本不易区分,但分成三条,已属不易,又讲了麕、鹿、麋的雄性名、雌性名、幼子名、足迹名、极其强壮有力者之名。有意思的是,寓属写到了仁兽麒麟。云:"麐(麟),麕身,牛尾,一角。"麐(麟),同"麟"字。麕,同"麇"字,麕鹿。《尔雅》说麒麟的身体像麕鹿,尾巴像牛,只有一个角。麒麟,人云雄性的叫麒,雌性的叫麟。《春秋经·哀公十四年》:"十有四年春,西狩获麟。"哀公十四年即公元前481年。《公羊传》《穀梁传》都只写到这一年。《公羊传》还说:"西狩获麟,孔子曰:吾道穷矣!"《说文》本《公羊传》,称其为仁兽。但实无此兽。仁兽,神兽也。杨伯峻《春秋左传注》称:今非洲有名奇拉夫(Giraffa)之长颈鹿,有人疑即古之麒麟。台湾学者高明乾等《诗经动物释诂》在解释《周南·麟之趾》时称:麟即长颈鹿,哺乳纲,偶蹄目,长颈鹿科。古有"四灵",麟、凤、龟、龙。《尔雅》记载了三种。凤,见《释鸟》;龟,见《释鱼》。独未见龙。龙,周勋初先生说,龙的原型是扬子鳄②。

《尔雅·释兽》专列"鼠属",收了13种鼠。人人都知道的《诗经·

---

① [清]陆以湉《冷庐杂识》,冬青校点,上海古籍出版社2012年12月第1版,第219页。

② 周勋初《九歌新考》,上海古籍出版社1986年8月第1版,第128页。

魏风》里的"硕鼠",一般都只知道是大老鼠,原来它就是《尔雅》里的"鼫鼠",《说文》把它叫作"五技鼠"。哪五技呢?"能飞不能过屋,能缘不能穷木,能游不能渡谷,能穴不能掩身,能走不能先人"。原来是什么本领也没有的老鼠,《荀子·劝学》说它"五技而穷"。《诗经》用它来骂不劳而获的统治者,可谓恰如其分。

有意思的是,《尔雅》那样的青睐鼠,却没有提到猫,只是说:"虎窃毛谓之虦(zhàn)猫。"此外,"狻麑(suān ní),如虦猫,食虎豹。"窃,浅。但"虦猫"不是猫,是虎,老虎中毛色浅淡的称之为虦猫。"虦猫",《说文·虎部》写作"虦苗",段注认为"许书以苗为猫"。《说文》正文亦无"猫"字,宋代徐铉《说文》新附中才补出了个"猫"字。从《尔雅》有"虦猫"看,"猫"字早就有了①。那么,什么时候才有捕鼠猫的呢?史云:"猫产天竺(今印度),不受中国之气,故鼻常冷,唯夏至一日暖。释氏因鼠咬坏佛经,故畜之,唐玄奘始带入中土。"②现代动物学将虎列入"哺乳纲,食肉目,猫科",似乎有点本末倒置,大概因虎的形体略似猫。但虎体长五六尺,重 300 到 500 公斤,岂小小的猫可比。

《尔雅·释兽》对虎却并不看好,除"虦虎"外,也只列了白虎和黑虎等三种,远远不如马(51 种)、牛(17 种)、羊(8 种)。大概老虎太难观察认知的缘故。但古代中国生态环境好,到处都有虎,连江苏宜兴都有,令今人难以置信。清代赵翼(江苏常州人)曾说:"宜兴山中人有善捕虎者,用粘胶散布于乱草上。虎来必就草打滚,则草尽粘,愈滚愈粘。虎性急不难烦,滚愈急,辄哮吼而死。此亦前人未有之奇也。"还

---

① [周]尸佼《尸子》卷下:"使牛捕鼠,不如猫牲之捷。"似乎是捕鼠的猫了,实际不是。注文引《太平御览》九一二引《庄子·逍遥游》:"子独不见狸牲乎,卑身而伏,以候敖者。"《尸子》中的"猫"不是今天捕鼠的猫。猫牲,狸牲也。据基本古籍库,晋代法显译《摩诃僧祇神》卷二:"如猫伺鼠,成便见夺。"可能是始见捕鼠之猫。

② 参见[清]阮葵生《茶余客话》,李保民校点,上海古籍出版社 2012 年 12 月第 1 版,下册第496 页。

写到广东西部、山西、湖南都有虎。① 连浙江杭州都有虎患，官府召猎户二十余人捕捉，无计可施，还是一聪明的老人家用梯子登上屋顶，揭瓦进亮光，乘老虎抬头看时撒石灰迷住虎眼的办法，最终捕杀了老虎。②

釁属，反刍动物。只载了牛、羊、麇、鹿 4 种。须属，须，休息。收录了兽、人、鱼、鸟休息或喘息时的动作。

《释畜》共 94 条，收录各种家畜名、形体特征和习性的说明。分马属 15 种、牛属 12 种、羊属 6 种、狗属 5 种、鸡属 3 种、六畜 6 种，共 6 大类，47 种。

《尔雅》释马属形成了系统的"马的文化"，除了一开始按产地、特性分成 7 种马以外，还按马的颜色详分为：膝以上全白的、小腿近足较细部分全白的、四蹄皆白的、前足皆白的、后足皆白的、前右足白的、前左足白的、后右足白的、后左足白的、赤毛白腹的、黑马白胯的、臀部毛白的、尾根部毛白的、尾巴毛白的、前额白色的、鼻子白色的、黑马中面和额部白的，如此等等，共分出 34 种马。牛属除了列出 7 种牛以外，还列出黑嘴唇的、黑眼眶的、黑耳朵的、黑肚皮的、黑脚的。如此细致的分类，作者的文化心理是什么？当是与人们的生活关系密切，格外引起关注，甚至会有某种动物崇拜心理所致。

综上所述，《尔雅》收普通词语 607 条，社会生活专名 344 条，自然科学专名 1096 条，全书 2047 条，其中语词占 29.7％，百科占 70.3％，自然科学占了全书的 54％。晋代的郭璞说："若乃可以博物不惑，多识于鸟兽草木之名者，莫近于《尔雅》。"

---

①　[清]赵翼《檐曝杂记》，曹光甫校点，上海古籍出版社 2012 年 11 月第 1 版，第 39、98 页。

②　参见[清]陆以湉《冷庐杂识》，冬青校点，上海古籍出版社 2012 年 12 月第 1 版，第 288 页。

五　古代文字学经典《说文解字》

汉代经学兴盛，时称"五经无双"的经学大师许慎（约58—约147年）顺应学术文化发展大势，立足于堪称经学构造质点的汉字，从汉和帝永元十二年（100年）到汉安帝建光元年（121年）于病中遣其子许冲进呈，前后共二十多年的时间，著成《说文解字》，以使"皆有依据"的儒家经典能"理群类，解谬误，晓学者，达神旨"。用今天的话说，即经由汉字的解释使儒家经典得以系统化、类型化、纲领化，得以回归本真，明白晓畅，易于读懂，方便实践应用。总体思路和做法是由小（一个一个的汉字）见大（经典的神旨奥义）。

（一）《说文》中的经学

西汉以今文经为国家学术，立于学官。例如《尚书》是由秦博士伏生口授，晁错记录的。后来陆续从地下或墙壁中挖掘出不少古本，是用先秦六国文字写成的。如鲁恭王从孔子宅壁中发现了《尚书》《春秋》《礼记》《孝经》《论语》。直到西汉末年，刘歆才向汉哀帝建议将古文《尚书》《左氏春秋》《毛诗》《逸诗》列入学官，遭到今文博士的强烈反对。这场今古文之间的斗争延续了近百年，直到东汉末年山东高密人郑玄注释《三礼》，兼综今古文，才消解了这场旷日持久的经学文化大战。

许慎生活的东汉中期，古文经逐渐开始占据优势。他是古文经学大师贾逵的学生，又曾在东汉皇家图书馆"东观"校书，得见国家秘籍。他除了著《说文》外，还撰写了《五经异义》，以捍卫古文经。许慎撰《说文》，根本目的也不是为了文字学本身，而是为了解经。说到这句话，

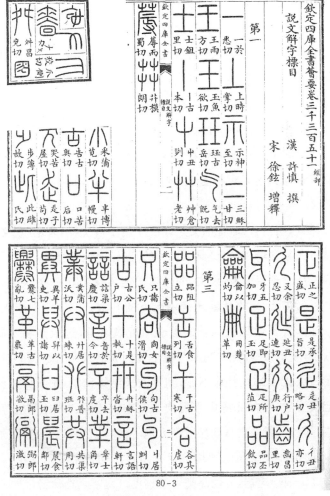

80-3

图 6　《四库全书荟要》经部小学类《说文解字》标目书影

马上就让人想起另一句话：小学是经学的附庸。一个"小"字，一个"附庸"，实际上反而让语言文字与经学分隔开了。确切地说，汉语汉字是经学的工具逻辑，是经学的学理底层。学术界早已证明，汉字与汉语是相应相宜的，同样，可以推论出汉语汉字与经学表述是相应相宜相合的。正因为如此，许慎"说"独体之"文"，"解"合体之"字"，是为了在工具逻辑和学理底层层面上解决经学中的问题，《说文》是经学的工具逻辑文化和学理底层文化。其实，许冲在《上〈说文解字〉表》里已说得很清楚：

> 臣父故太尉南阁祭酒慎本从逵受古学。盖圣人不空作，
> 皆有依据。今五经之道昭炳光明，而文字者，其本所由生。

这一段话，已明白告知，他的父亲许慎立足于古文经，著论《说文》是为了彰显古文经立场，解决经典文本中的"五经之道"问题。

要说从学理层面看《说文》的经学文化，《说文叙》一开头就交代得很清楚。《叙》云：远古伏羲氏统治天下的办法，"仰则观象于天，俯则观法于地"，看了大地上鸟兽的足迹，"近取诸身，远取诸物"，制作了《易》八卦，垂示天地间的"宪象"（根本性的大的规则、象征和变化）；仅有垂示广大无垠的八卦还不够，到神农氏结绳而治，把日常事都借助结绳记载下来，但太粗疏了，于是有人就乘机造假（"饰伪萌生"）；为解决这些问题，黄帝的史官仓颉看到大地上的"鸟兽蹄迒之迹"可加以分别异同，便推知凡线条画图均可辨析路径，"初造书契"（文字），从此，百工借以按规矩治器，万物品类可予察见。文字之功伟焉！

《说文叙》中的"仰观""俯观""近取""远取"，见采于《周易·系辞下》，是儒学经典的认识论，也是造字的认知法，文字与儒家经典在其认识论根源上是二而一的。再说，"仰观""俯观""近取""远取"，这些

做法不困难,也不高深,可以说相当平凡、切实。恰恰是这些简单的模仿之法,也是中国社会秩序构成的办法,中国社会结构就是来源于古人对客观自然世界的模仿,这样的模仿本身就说明了对社会事实和生活常识的尊重。经学就是中国古代社会学,文字的模仿性机制与社会结构机制有共同的渊源。语言文字世界与社会秩序世界有着本源上的同一性,都是天地自然结构组合的投射。语言文字学与经学密不可分,《尔雅》成了十三经之一,是经学之一,是理所当然的。

要具体地说《说文》中的经学文化,就要看对个别字的诠释。由《说文》字义看经书渊源:

　　《说文·糸部》:"经,织也。"《周礼·考工记·区人》:"国中九经九纬。"引申为枢要、关键。《左传·昭公二十五年》:"礼,上下之纪,天地之经纬也。"

　　《说文·人部》:"儒,柔也。术士之称。""柔也"下段注:"以叠韵为训。"意思是说"儒"字、"柔"字音近义同。"术士之称"下段注引《周礼·天官·冢宰》:"儒以道得民。"郑玄注:"诸侯保氏有六艺以教民者。"

　　《说文·人部》:"仁,亲也。"《礼记·中庸》:"仁者人也,亲亲为大。"

　　《说文·我部》:"义,己之威仪也。"后来写作"仪"。《礼记·中庸》:"礼仪三百,威仪三千。"

　　《说文·一部》:"元,始也。"《公羊传·隐公元年》:"元年者何,君之始年也。"

以上例证,都是经书中的义理被反映到《说文》字目下,《说文》字目成了分疏经义的构架。

如以 2015 年第三版《辞源》丑集"口"字为例,"口"字《说文》解释为"人所以言、食也","口"字条下引《书·秦誓》《书·说命中》《左传·定公四年》各 1 次,与《说文》释义密切相关的复音词条目下有:"口舌"引《易》1 次,"口柔"引《尔雅》1 次,"口径"引《礼记》1 次,"口率"引《周礼》1 次,"口过"引《孝经》1 次,"口给"引《论语》1 次,"口腹"引《孟子》1 次,"口实"引《易》1 次,引《公羊传》1 次,引《尚书》1 次,引《左传》1 次,"口泽"引《礼记》1 次,"口血未干"引《左传》1 次。以上,我们不必看作"口"字下,"口"的复音词下引经籍用例作词典的书证,倒是可以从文化学的观点看,经籍中的经义文化大量反映到《说文》中,《说文》与经学文化息脉相通。

(二)《说文》中的哲学

《说文》成书于汉和帝、汉安帝年间,此前有汉章帝在建初四年(公元 79 年)召开白虎观会议,许慎的老师贾逵参加了这次会议。《说文》成书之前,已有王充(约公元 27 年—100 年)哲学思想问世,王充曾历汉章帝特诏公车徵未行,专事著述的年代约始于公元 90 年,比《说文》始著约早十年。白虎观会议的目的本是要统一经学,但没有达到目的,今古文的分歧更严重了。永元十四年大臣徐防上疏称:"伏见太学试博士弟子,皆以意说不修家法,私相容隐,开生奸路。每有策试,辄兴争讼,议论纷错,互相是非……今不依章句,妄生穿凿,以遵师为非义,意说为得理。轻侮通术,寝以成俗。"可见学术已陷入《说文叙》所说的邪路魔道,"诡更正文,乡(向)壁虚造,不可知之,书变乱常,行以耀于世。诸生竞说字解经谊(义),称秦之隶书为仓颉时书。云,父子相传,何得改易,乃猥曰:马头人为长,人持十为斗,虫者屈中也"。就在这世风日下,学术沉沦的情况下,许慎"叙篆文合以古籀,博采通人,至于小大,信而有证",其功之伟,其业之巨,其道之精,其理之微,是永远也言说不完的。

原本要统一经学思想的白虎观会议是失败了,但它的会议文集《白虎通》也记录了一些当时的哲学思想条目,尚能反映章帝时期的一个思想侧面,较有价值的有"天地""五行""人""性情"。[1] 哲学为求自然、社会、人生的真解,许慎古文经思想求语言文字世界之真实,在一定范围内是可以配对比试一番的。

《白虎通·天地》:"天者何也? 天在为言镇也。居高理下,为人镇也。"意思是说,天高高在上为人"镇",《说文》以"镇"字义为"博压也,从金,真声"。即普遍地压着了人的存在,那当然就是人头顶上的浩瀚天宇,包括日月星辰,但不是人格神。也可以包括道德、法律等。王充《论衡·谈天》:"且夫天者气邪体也,如气乎,云烟无异,安得柱而折之,女娲以石补之,是体也,如审然,天乃玉石之类也。"王充谈的是上苍之天。王充也讲到"神",《论衡·雷虚》:"神者,恍惚无形,出入无门,上下无垠,故谓之神。"这个"神""只是元气分为阴阳、化生万物的神妙作用,完全不是人格神"[2]。《说文·一部》:"天,颠也,至高无上。从一、大。"大,人也。颠,最高处,意即天是人头顶上的那一大片天空。从哲理上看,许慎的解释与《白虎通》言天为高高在上,王充言大自然之天是一致的,都没有人格神的含义。即使是"神"字下,《说文·示部》:"神,天神引出万物者也。"又:"祇,地祇提出万物者也。"天神、地祇(神)都是生出万物者,那只能是元气,也没有人格神。

《白虎通·天地》:"地之言施也,谛也。"又:"地者,元气之所生,万物之祖也。"意思是说大地陈设万物,建造万物;大地也是元气产生的,大地是万物的渊源所在。《论衡·自然》:"天地合气,万物自生,犹夫

---

① 这里采用金春峰先生的说法,见金著《汉代思想史》,中国社会科学出版社1987年4月第1版,第462页。

② 孙叔平《中国哲学史稿》上册,上海人民出版社1980年8月第1版,第327页。

妇合气,子自生矣。"又说:"阳气自出,物自生长,阴气自起,物自冬藏。""夫天覆于上,地偃于下,下气烝上,上气降下,万物自生其中间矣。"在王充看来,大地生长万物完全是天地间元气作用所致。《说文·土部》:"地,元气初分,轻清阳为天,重浊阴为地,万物所陈列也。从土,也声。""也声"下段注:"坤道成女,玄牝之门,为天地根。"具体说明天地间在元气作用下大地(坤道)是如何生出万物的,是大地的"天地根"生出万物的。许慎的解释与汉章帝至汉和帝时期的哲学思想是一致的。

关于人,《白虎通》在说法上沿袭董仲舒"天人合一""天人同类"的表述。如上所说,《白虎通》既然把"天"说成自然之天,有星星月亮之处,"天人合一"也就是说人也是自然的产物。《白虎通·姓名》:"姓,生也。人所禀天气所以生者也。""人所以有姓者何?所以崇恩爱,厚亲亲,远禽兽,别婚姻也。"《论衡·气寿》:"人之禀气,或充实而坚强,或虚劣而软弱。""太平之时,人民侗长(长大),百岁左右,气和之所生也。"不仅人的出生是气禀而为,连人的身高、寿命也禀于父母本源之气,也禀于社会的"气和",故天下太平则人高大,寿命长。可见章帝、和帝年间已将自然人、社会人(姓、侗长、百岁)连带考虑以知人。《说文·人部》:"人,天地之性最贵者也。"人是天地间最宝贵的。《女部》:"姓,人所生也。古之神圣,母感天而生子,故称天子。从女从生,生亦声。《春秋传》曰:天子因生而赐姓。"上古的姓与出生地,与生母都有关。如姜姓是神农居姜水以为姓。"母感天而生子",如《诗·商颂·玄鸟》载商代的始祖契,传说是有娀氏之女简狄吞下神燕(玄鸟)的卵而怀孕所生。契建都商(今河南商丘)。可见《说文》对人的认识,不仅达到与章帝、和帝时的哲学水准,且视人为"最贵",加深了对人的本质的认识,已做到光前裕后。

关于性情,《白虎通·情性》:"性者阳之施,情者阴之化也。人禀阴阳气而生,故内怀五性、六情。""情有利欲,性有仁也。"《论衡·本性》:"夫人情性同生于阴阳,其生于阴阳有渥(优)有泊(淡,一般);玉生于石,有纯有驳。情性於阴阳,安能纯善?"这些说法,大致代表东汉中期对人性的认识水平,主要有三条:区分性与情;性禀阳气,情禀阴气;阳气主仁,阴气主欲,阴阳不同,人的情性各异。《说文·心部》:"性,人之阳气,性善者也。""情,人之阴气,有欲者。"《说文》性情说已概括了以上三条。

"五行"说,源于《尚书·洪范》。《洪范》"九畴"的第一大范畴:"初一曰五行。"具体解释"五行"时说"水、火、木、金、土","水曰润下,火曰炎上,木曰曲直,金曰从革,土爰稼穑。润下作咸,炎上作苦,曲直作酸,从革作辛,稼穑作甘"。孙叔平先生说:"这是常识性的总结,一点也不神秘。"①五行不过是五种代表性的物及其用途,充其量是物的五种构成要素,如古希腊哲学那样,有一派说"万物是由火构成的"。西汉董仲舒已经把五行道德化、伦理化。东汉《白虎通》受谶纬迷信的影响,除了用道德关系来解释五行外,还力图用五行来解释自然和社会的一切变化。如说"木王火相金成……报其理","五行各自有阴阳……此自欲成子之义",牵强附会,强词夺理,五行成了造物主的五个手指。王充《论衡》有38处提到五行。如《无形篇》说"五行之物,可变改者唯土也",那只是把泥土烧制成陶器、陶人的变化。《物势篇》说"天自当以一行之气生万物,令之相亲爱;不当令五行之气,反使相贼害也"。至于用金属割木,用火烁金属,都是制作器物"欲为之用"。《说文·五部》:"五,五行也。从二,阴阳在天地间交午也。""二"形指"五"字的上笔和下笔,"五"字的小篆"二"形中空有交叉形,表阴阳之气在天地间交舞。此条说明《说文》有"五行"说,《说文》的"五行"是元

① 孙叔平《中国哲学史稿》上册,上海人民出版社1980年8月第1版,第176页。

气论。水,《说文·水部》:"水,准也。北方之行,象众水并流,中有微阳之气也。""中有微阳"指小篆"水"字中间弯曲连笔,象征阳气。木,《说文·木部》:"冒也,冒地而生,东方之行,从屮下象其根。"金,《说文·金部》:"五色金(指金有白金、青金、赤金、黑金、黄金)也。黄为之长。久薶不生衣,百炼不轻,从革不韦。西方之行。"段注:"韦,旧作违,今正。韦,背也。从革,见《洪范》,谓顺人之意变更成器,虽屡改而无伤也。五金皆然。以五行言之为西方之行。"可见《说文》依《洪范》,变更成器,与王充说变改泥土为陶器同。上文北方之行、东方之行,亦以方位言五行。火,《说文·火部》:"煅也,南方之行。炎而上。"土,《说文·土部》:"土,地之吐生物者也。二,象地之下、地之中物出形也。"二,指"土"字中的两横之形。由以上可见,《说文》解释五行也都是"常识性的总结,一点也不神秘",大的方面完全宗《洪范》,发展的方面又与王充无二致。

《说文》五行说能做到宗师《尚书·洪范》,除了经学史、思想史上的联系外,还有其更直接的原因。《说文》解析字形,以字形说本义,必然在求真的方面认同古代。"水、木、金、火、土"五行字的文字解析和说解与《洪范》相近,是必然的。经文字、古文字的解析来研究上古哲学思想,是一重要研究途径,也是题中应有之意。

由以上可知,《说文》的哲学思想完全站在当时章帝、和帝时代的高度,可与王充媲美。此外,按上述研究法,拈出《说文》中有哲思意义的词,对照彼之时代相关的哲学概念,可知许慎更具体的哲学思想而不至于自感材料缺乏而空泛。

(三)《说文》中的语言哲学

《说文》中的哲学文化,除了前面所说的表现为中国哲学史上的一般哲学范畴的思想文化以外,更多的则是语言哲学,最重要的是《说文》释义体例（义例）中所体现出来的语义逻辑文化。

　　《说文》"始一终亥"，即全书 540 部首中的 9353 字首字为"一"，末字为"亥"，这是文字安排的框架。且不说这本身是一前所未有的壮举，引人注目的还在于这一文字安排和宇宙史相一致。《说文·一部》"一"字下云："惟初太极，道立于一。造分天地，化成万物。凡一之属皆从一。"这当然是道家思想，《老子》第四十二章："道生一，一生二，二生三，三生万物。"许慎以"初—太极—道——一—万物"为叙次，比《老子》更悠远深玄，初始太极，只能是宇宙开始形成之时。终于"亥"，亥，核也，局部宇宙死灭后的残骸，如今天已发现的宇宙中的等离子体物质、白矮星之类。许慎把九千多字创造性地置于宇宙史发展框架上，气魄不可谓不大，哲思不可谓不新，理路不可谓不深。说《说文》全书以宇宙哲学为起点来演绎它的语言哲学，可也。

　　"凡一之属皆从一"，说的是凡是部首"一"内所属的字都从"一"字偏旁。同样，"凡示之属皆从示"，说的是凡是部首"示"内所属的字都从"示"字偏旁。部首"一"内有"一、元、天、丕、吏"5 字，部首"示"内有"示、祜、礼、禧"等 63 字。段玉裁以"某"字替换"一、示"等 540 部首，云：

　　　　凡某之属皆从某者，自序所谓分别部居，不相杂厕也。……以字形为书，俾学者因形以考音与义，实始于许，功莫大焉！

意即按部首置字，不会造成混乱。更重要的是，历来的字书如《尔雅》《方言》等，都没有按部首列字，《说文》首创的做法，是要学人懂得立足于文字形体，由形体来研究字音与字义。字书崭新的系统排列法，文字的系统研究法都有了。

不同形体的字按部首排列,同一部首内的字,如上文举出的"一"部 5 个字,"示"部 63 字,又如何排列呢? 莫非是乱排的? 段玉裁说:

> 凡部之先后,以形相近为次。凡每部中字之先后,以义之相引为次,《颜氏家训》"櫽栝有条例也"。《说文》每部自首至尾,次第井井,如一篇文字。如一而元,元,始也。始而后有天,天莫大焉,故次以丕,而吏之从一而终焉,是也。

即同一部首内的字是以字(词)的意义或语义的逻辑先后来排序的。顺序种种,我们并不陌生,常说及的有时间顺序、空间顺序、大小顺序、长幼顺序、高低顺序、远近顺序等,但说到意义顺序,语义顺序,逻辑顺序之类,则玄乎其玄了。不过,时间、空间顺序是形式逻辑的,意义、语义顺序是属于古希腊时代就提出的"模态逻辑"的,它以"必然、证实、未决、可能、允许"等为命题判断,但用模态逻辑来研究语义,仍然脱不了意义分析、语义分析等的思辨分析、逻辑分析的干系。英国哲学家怀特海曾说:"思辨哲学是一种构造连贯的、逻辑的、必然的一般观念体系的努力,以此体系使我们经验的每一个元素都能得到解释。"认为处于过程中的"事件"(质点)才是"永恒客体"(理念)进入时空流中形成的实有存在。用以上这些话来看待《说文》部首中的一个个字的排序,无疑,那些顺序是"必然的,可证实的,当然是可能的,能被允许的"。能排出字与字之间的顺序,是经过经验的,也是经过思辨分析的,一个个的字是进入时空过程的质点,每个字都是内涵概念,外延引申的"都能得到解释"的元素。许慎在著《说文》时已运用了人类早已懂得并运用了的思维工具"模态逻辑"分析法,用了一般的思辨分析方法,找到了每个字的存放位置。段玉裁则从中国传统经验分析法视角指出了许慎的意义分析和意义排序的成果。①

《说文》除了分部首,部首内汉字按意义排序之外,还有其他语义逻辑文化的成果,例如《说文》的释义方法,也是很值得注意的。例"屯"字下:

> 《说文·屮部》:"屯,屮,难也。象草木之初生,屯然而难,从屮贯一。一,地也。尾曲。《易》曰:"屯,刚柔始交而难生。"

该字的说解由释义、解析字形(此处从"象"至"尾曲")、引书证,三大块组成。释义方法的归纳是有语言哲学性质的。释义法:以小部、八部、牛部、口部字说之。

定义判断法:牡,畜父也。牝,畜母也。

说明法:詹,多言也。公,平分也。口,人所以言、食也。名,自命也。吾,我自称也。呦,鹿鸣声也。

描写法:小,物之微也。半,物中分也。牷,牛纯色。牢,闲养牛马圈也。咳,小儿笑也。哆,张口也。哽,语为舌所介也。

同义训释法:少,不多也。番,兽足谓之番。释,解也。啖,食也。吞,咽也。

引书证由上下文语境待释法:犕,《易》曰,犕(按:套车)牛乘马。

虚词实义借说法:尔,词之必然也。曾,词之舒也。

---

① 作为思维工具的逻辑方法,与意识形态的联系不甚紧密,而语言本身又是没有阶级性的,思维逻辑、理性工具,是每个时代的人都要遵守的思维规则,是超越时空的。有的学者用佛教因明学来分析《说文》的释义方法,这无疑是有益的尝试。参见顺真《许慎〈说文解字〉的逻辑——认知构造》,载《哲学研究》2015年第12期第52页。本文用语义思辨分析方法来说明《说文》同一部首中排字有序的逻辑蕴涵,从语言哲学视角来看待《说文》意义顺序,似较为直接。

综合释义法：物，万物也。牛为大物，天地之数起于牵牛，故从牛勿声。犛，西南夷长髦牛也。

以上释义方法，不仅仅专属于《说文》，也贯通于古今辞书。《说文》包含这些释义法，现代辞书中的释义法也不外乎这几种。《说文》释义法的独特性使它获得了语义解释的工具意义。其定义法、同义法、综合法，都有明显的逻辑意义。说明法本质上无非用词意的外延"下定义"。描写法则比说明法有更多的成分，属于罗素说的"描述性短语"的摹状词。更何况，描述本身就是规范①。可见这些释义法本身并不缺乏哲学意蕴。

《说文》540 部，当然是据小篆文字的形体抽绎而成，这本身就是汉字研究破天荒的重大成果。540 部既然从文字形体绎出，无关字义，故它本质上是形式化的类别。从研究对象的形式入手进行分类，是了不起的创举，它标志着古代卓越的学术成就与古代优异的逻辑方法是同步前行、配套而成的。形式化的 540 部内包含着意义分类。据许冲的说法，至少分成了十大类。

六艺群书之诂，皆训其意，而天地、鬼神、山川、艸（草）
木、鸟兽、蚰虫、杂物、奇怪、王制礼仪、世间人事，莫不毕载。

《说文》的形式化分类和意义分类，都是先秦"类逻辑"的发展，是古代由来已久的分类学思想的运用，它是属于语言哲学的。

此外，《说文》的说解法在"解析字形"这一项，多用"象"字作为"释形"术语。这个"象"是"象征"，而非"肖像"酷似之"像"。当外国留学

---

① 参见盛晓明《常规科学及其规范性问题》，载《哲学研究》2015 年第 10 期，第 111 页。

生看到"日""月"很像太阳、月亮,以为汉字好认,这完全是误解。当看到"象三玉之连, 丨,其贯也"的"玉"字,看到"从羊,象声气上出"的"芈"字,就可能傻眼了。即使象形的"焉"(本义是鸟)字,也会不知所云。

从理论上说,《说文》的"象"是古代"象思维"的产物,文字中的"象"和《周易》八卦的卦象在本源上是同质的,只是"象"的构造方式和形态不同。《易·系辞上》说:"圣人有以见天下之赜,而拟诸其形容,象其物宜,是故谓之象。"意思是说圣人发现了深奥的道理,就把它譬拟成具体的形象,用来象征某种事物的合宜之道理。这里的主题词是"赜、拟、物宜"。将深奥的含义化作具体的形象表示出来,是"象"的实质。一个汉字的含义非常丰富深刻,携带的文化信息极其丰厚,而它的"形容"是具体的、像似性的。由此可见,《说文》所说文字形体的"象"与《易》理哲学有密切的联系。《说文》字形象与《易》八卦象有共同的理论渊源,《说文》用"象"来作解释文字形体的术语,完全是语言哲学的。

以上所论,"始一终亥"的宏大架构,540 部内部的语义逻辑顺序,释义方法的普遍性和工具性,540 部内部的意义分类,释形术语"象"的《易》理渊源等,逻辑起点都在文字已成之后。要是文字未成之前,尚处于造字阶段又会怎样呢?那就是以造字方法为主的"六书"。《说文·叙》说:

《周礼》八岁入小学,保氏教国子,先以"六书"。一曰指事,指事者,视而可识,察而可见,上下是也。二曰象形,象形者,画成其物,随体诘诎,日月是也。三曰形声,形声者,以事为名,取譬相成,江河是也。四曰会意,会意者,比类合谊(义),以见指㧑(挥),武信是也。五曰转注,转注者,建类一

首,同意相受,考老是也。六曰假借,假借者,本无其字,依声
托事,令长是也。

古代"保氏(教育官)教国子",很重视识字教育,教学生识字先教造字
之法的"六书"(实际上仅前"四书"),从造字之源头上来帮助学生从原
理上认识字,本质上就是用字形结构法教汉字。

清代文字学家王筠在其著论《教童子法》中肯定了这一识字法:
"蒙养之时,识字为先,不必遽读书,先取象形、指事之纯体教之,识日、
月字,即以天上日、月告之,识上、下字,即以在上在下之物告之,乃为
切实。纯体既识,乃教以合体字。又须先易讲者,而后及难讲者。"这
一方法对今天教外国留学生认识汉字是行之有效的。李大遂先生在
总结教外国留学生学汉字的方法时,曾强调"了解一点汉字的造字方
法","要学会对汉字进行结构分析",归纳出汉字的外部结构、内部结
构的组合关系若干条;还强调学好汉字要从偏旁入手,尤其要利用表
义偏旁学习掌握合体字字义,利用表音偏旁掌握合体字的读音;最后,
还要懂得独体字虽然只占5%,但它是95%的合体字的基础,进而画
出了独体字生成合体字的坐标关系图①。这一整套教外国学生学汉字
的方法,与"蒙养识字"有异曲同工之妙,如辅以"纯体既识,乃教合
体","先易后难"等原则,定能收到好的效果。

"六书"("四书")并非造字前悬设铸模,照此办理,而是后人从大
量已造之字中分析抽绎,用模态逻辑得到造字法四大范式,只是在假
想逻辑的节点上,它应处在汉字未造之时。用前"四书"来分析《说
文》,据蒋善国《汉字的组成和性质》,《说文》全书9353字中,指事字

① 参见李大遂《谈谈怎样学习汉字》,载张英、金舒年主编《中国语言文化讲座》,北
京大学出版社2008年10月第1版,第90至97页。

125 个,占 1%强;象形字 364 个,占 4%;形声字 7697 个,约占 82%;会意字 1167 个,占 12%强。造字之初,独体字居多,合体字是少数,越到后来,合体字越多。甲骨文形声字占 20%,《说文》形声字比例大幅度上升。现代汉字 5 万多(《汉语大字典》收字 5.6 万),形声字占 90%以上。由以上分析可知,无论在"初造书契"的年代指导造字,还是后来继续造字,分析已造之字,"四书"都发挥了巨大的作用。它的由来的深层次认知原因,正如康德所说的人们总是"要求预先知道"关于"未来事物的概念的划分",即"预告"未来。无非三种情形,比现在更坏,能前进,停顿不前。第二种情形是"从广阔的前景来观察进步的鹄的(标准)",这第二种被康德从道德论出发称之为"千年福主义"。①《说文》中的"六书"就是文字学的"千年福"。"六书"中的四大范式"四书",始终是千百年继续造字和解析文字的指导性武器和逻辑工具,可见其范式的作用所在。无论从认知原因的由来看,还是范式的实际作用看,"六书"之于语言文字世界的哲学意蕴十分丰富,谓之语言哲学可也。

(四)《说文》中的汉字部首和"六书"

要说《说文》中的汉字文化,540 部首、"六书"都是汉字文化。汉字独具形、音、义,汉字字形是完整的形态系统,"六书"是对这一形态系统的提取,又反过来证明这一系统的完整性、体系性,汉字本体文化首先是其字形文化。《说文》解析小篆字形的特点有:

其一,小篆字形象客体,始终与世界万物保持着千丝万缕的联系,这也是字义的基础。字形象外物,外物所指直接导出文字能指的意义。例如:

---

① 参见康德《历史理性批判文集》,商务印书馆 1996 年版第 147 页。

示，而。从二（徐铉校注：二，古文上字），三垂日月星也。

观乎天文，以察时变，示神事也。

按："示"是象形字，甲骨文写成丅或丅，象供祭祀的神主形。许书解释了上下两部分：上面"二"形；下面三弯曲，今作"小"字形的含义。两部分形体合成，该字作"天垂象，见吉凶，所以示人也"解。由释形体"示神事"三字，可知许慎理解的"神事"是天象自然之变、时序之变，无任何理念上的误导。正因为如此，"礼"字下的释义"履也，所以事神致福也"中的"事神"云云，中心含义是顺应自然以求福。又如：

齿，齒，象口齿之形。止声。

按：齿，当为形声字。形旁象口中的牙齿。释义为"齿，口齗（龈）骨也"。该字的释形文字象牙齿，由形体直接导出"齿"字。又如：

卜，卜，象灸龟之形，一曰象龟兆之从（纵）横也。

按：释义为"灼剥龟也"。剥，裂开。烧灼龟壳使裂开，用来占卜。

其二，小篆形体符号解析并不指向客体事物，而直接指向该字的本意或基本意义。例：

中，中，从口丨，上下通。

按：许书把"中"字看作会意字，"中"的意义已有些许抽象。释义"内也",即用"丨"穿过某符号的内部、中间之意,释形直接指向释义。

其三,小篆形体解析说明动观,描摹静观,以适应释义之需。例:

中,屮,象丨出形,有枝茎也。古文或以为艸字。

按:释义"艸木初生也"。绽出,动观状,有枝茎,静观状。用说明动观和描写静观两个方面适合该字的意义。

其四,以小篆形体明其本义,进而在其近同形体上说其假借引申义。例:

止,屮,象艸木出有址,故以止为足。

按:址、止(趾,《说文》无"趾"字,仅见其古字"止")形近,本义而后有借义。"故以止为足"下段注:"此引申假借之法。"

其五,简述小篆形体意义,待合释义的理据。例如:

玉,王,象三玉之连,丨,其贯也。凡玉之属皆从玉。玉
古文玉。

按:"玉"字的释形不免太简单。甲骨文中就有"玉"字:佚七〇四,象绳贯串了很多玉器。但不管有何种形体说明,都难以彰显"玉"的理性美。玉的理性美便在释义中解决。《说文》:"玉,石之美有五德:润泽以温,仁在方也;䚡理自外,可以知中,义之方也;其声舒扬,専以远闻,智之方也;不桡(náo 屈服)而折,勇之方也;锐廉(尖锐有棱角)而不技(忮,违逆),絜(高洁)之方也。"玉器含仁、义、智、勇、洁之性质、寓意,

图 7　温润典雅的玉佩是美好品德的象征

抽象的理性美,要用玉的形体来说明,是不可能的,只能用"释义"解决。这时,释形只能是释义的逻辑补充。王宁老师说:"汉字发展到小篆时代,构形已大部分带有理据性。但是,这种理据是带有文化内涵的,是人类经验的反映。它体现了人类对事物的观察,也体现了人类的文化心理与观念。"①赫然首例也是这"玉"字。按王老师的看法,构形的理据性本身就是汉字文化的组成部分,这是值得注意的。这就丰富了汉字文化的内涵,也找到了其理据性内涵的根仍在于形体。又例:

十,十,一为东西,丨为南北,则四方中央备矣。

按:释义为"数之具也",意为一至十的"十进位"数字全都具备了。

---

①　王宁等《说文解字与中国古代文化》,辽宁人民出版社 2000 年 1 月第 1 版,第 10 页。

其六,小篆字由古文形体直接说其意义。例:

革,革,象古文革之形。凡革之属皆从革。𤄵,古文革,
从三十,三十年为一世,而道更也。

按:释义为"兽皮治去其毛。革,更之"。释形与释义有相异处,段注以
"三十年为一世,而道更也"为本训,兽皮去毛为后起意。此条可知许
书释形的独立性,形体义直接明其社会学意义。

其七,许书释形体有误,可与古文字对照之,更正许书释形而知该
字本义。例:

言,𧥷,从口辛声。凡言之属皆从言。

按:释义为"直言曰言,论难曰语"。但甲骨文拾八·一"言"字作𠱛,象
舌头伸出口中形。郭沫若《甲骨文研究》:"'言'的甲骨文像以口吹箫。
《尔雅》云:'大箫谓之言。'此当为'言'之本义。"又说:"其转化为言说
之言者,盖引申之义也。"舌头伸出正作吹箫形。宋代郑樵《通志》:
"言,从二,从舌。二,古文上字,自舌上而出者,言也。"郑樵以言字之
言语义为本字本义。

其八,不同部首字之间形体的关联。例:

《须部》须,释形"从页从彡",释义"面毛也"。

《彡部》彡,释形"象形,凡彡之属皆从彡"。释义"毛饰画
文也"。段注:"毛者,聿也……亦谓之笔,所以画者也。其文
则为彡。毛所饰画之物成彡,须发皆毛属也。故皆以为彡之
属而从彡。"

按：两部首字"须""彡"密切相关，经文字释形而知其联系之妙。

其九，《说文》小篆构形要素的规整化及其文化。540 部首作为小篆文字的构成要素，就是王宁老师说的形位，除部首以外，其他构成部分也是形位，如同语音的音位、意义的义位、语法的法位①，把汉字形体作为一个独立的系统来研究，必然会提出"形位"这一概念。王宁说："到了小篆时代，构形的基本元素——形位——已经有了比较系统的规整。形位的规整与相近形位在造意上的分工，时常携带着文化信息。"②这里以 540 部为例说明其形位形成中的文化：

珏，王王，二玉相合为一珏。凡珏之属皆从珏。

按：甲骨文铁一二七·二作玨，邺三下·四二·六作玨，与小篆形体多有不同。王国维《说珏朋》："殷时，玉与贝皆货币也……其用为货币及服饰者，皆小玉小贝，而有物焉以系之，所系之贝玉，於玉则谓之珏，於贝则谓之朋。""古制贝玉皆五枚为一系，合二系为一珏，若一朋。"可见殷商时代的"珏"就是两串小巧玲珑的用作货币或用作服饰的玉，可见玉与日常生活密切相关。《说文》小篆"玉"字的意义由此继承而来。今天，"珏"只是书面语用字了，失去了日常生活意义，正反映了文化的变迁。

龠（yuè），龠，乐之竹管，三孔，以和众声也。从品龠
（仑）。龠，理也。凡龠之属皆从龠。

---

① 法位，参见高名凯《语言论》，商务印书馆 2011 年 3 月第 2 版，第 331 页。
② 参见王宁等《说文解字与中国古代文化》，辽宁人民出版社 2000 年 1 月第 1 版，第 14 页。

按：龠，籥。古代的吹奏乐器，像箫，或笛。甲骨文乙一四五五作龠，金文散盘作龠，均像排管乐器。口口、㸚像众管上的吹孔，上或从亼，集合众多吹管。虽字形不规整，但意思大体可明。据考古发现，河南舞阳贾湖遗址（约八千多年前）出土的二十多支骨笛，已经有五声、六声和七声音阶，是我国最早的乐器。龠，本三孔，逐渐发展为六孔、七孔。部属字有"龢"（和字）、"龤"（谐字），和谐始终是音乐文化的主旋律。

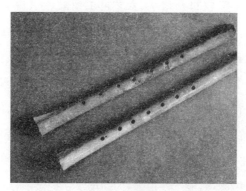

图 8　贾湖骨笛

目，目，人眼，象形，重童子也。凡目之属皆从目。目，古文目。

按：段注称"人目由白而卢（黑色），童（瞳）而子，层层包裹，故重画以象之。"徐灏《说文笺》："考阮氏《钟鼎款识》，目父癸爵作，象形绝肖，小篆从古文变耳。篆本横体，因合于偏旁而易横为直。"徐笺说明了"目"字小篆的形成和作偏旁字的形成。胡小石《说文古文考》以为"目"的古文目"乃由讹变"。应该说，甲骨文、金文等形体不规整，不可能提取偏旁，唯有至小篆形体规整了才有可能。有了偏旁，大量与"目"有关的字才能产生，《说文·目部》收了 118 个以"目"为偏旁的字。偏旁字是各个含该偏旁字的汉字的义位的义素，118 个"目"旁字都含义素

"目"。小篆字形规整,促成偏旁字的可提取,于形于义,于造字于赋义,总之,于记录汉语的工具汉字的大量产生和规整、规范,都有莫大的意义,小篆是汉字发展史上的里程碑。

(五)《说文》中的文字孳乳和变易

到了汉代,文字大量增加,据黄侃的说法,原因有五:得之故书、得之方俗语、存古籀、汉世新增字、六艺群书所载。[①]《说文》标明"古文"的约 500 余字,标明"籀文"的 220 余字。就文字发展而言,新增是主要的。其重要途径是利用偏旁造字,据王宁老师引用同行专家研得的数据称:从 1380 个甲骨文中提取到基础构件数 412 个,其基础构件的平均构字数为 3.3 个;从《说文》小篆 10422 字中提取到的基础构件数是 414 个,其基础构件的平均构字数为 25.05 个。[②] 两者相较,提取到的基础构件数接近,而平均构字数相差很多,这正好说明,汉字发展到小篆,基础构件的造字功能激增,能产性很强,为新增汉字提供了有利条件。

如何利用基础构件新增汉字? 黄侃说,《说文叙》说的"以迄五帝、三王之世,改易殊体",这是文字的变易。而《说文叙》说的"其后形声相益,即谓之字。字者,言孳乳而寖多也",是文字的孳乳。孳乳字最多的是利用偏旁造的形声字,《说文》形声字近 7700 个,占 82% 就是明证。可以这么说:"六书"("四书")是造字规则,而孳乳和分化是汉字发展过程的运动状况。两者都是古代语言哲学的组成部分,一重在规则说明,一重在过程描述。王宁则以汉字的孳乳和分化为汉字文化的一种。[③]

---

① 见黄侃述、黄焯编《文字声韵训诂笔记》,上海古籍出版社 1983 年版,第 17 页。
② 见王宁《汉字构形学讲座》,台湾三民书局 2013 年 4 月初版,第 18 页。
③ 参见王宁等《说文解字与中国古代文化》,辽宁人民出版社 2000 年 1 月版,第 16 页。

关于《说文》中的孳乳，黄侃著《说文同文》："其于文字孳生演变之迹，具为彰显。"①例如：

　　臼部：臼（春。古者掘地为臼。最早见于战国刻石文字、简帛文字多处，后见于《说文》小篆。上古群纽幽部）同（指代"孳乳"，下同）凶（象地穿交陷。见于战国简、小篆。上古晓纽东部。群纽与晓纽近同，幽部与东部同类）。

　　舀（抒臼，即从臼中挹出。见于郭店简、小篆。上古馀纽幽部）同勺（见于金文、小篆。上古禅纽药部。馀纽与禅纽近同，幽部与药部同类旁对转）、抯（见于小篆、隶书。上古影纽缉部。馀纽影纽近）、酌（见于晚周金文、战国简、小篆。上古章纽药部。章纽馀纽亦同为舌上音）、斟（见于小篆、隶书。上古章纽侵部）。

　　臽（小阱。甲骨金文战国文字皆见，小篆。上古匣纽谈部）同窞（dàn 深坑。见于小篆。上古匣纽谈部）、陷（见于战国简、小篆。上古匣纽谈部）。

　　凶（见前）同臼（前）。

　　兇（见于甲骨文、战国文字、小篆。上古晓纽东部）同恐（见于战国金文、战国简帛、说文古文、小篆。上古溪纽东部）、恐（gǒng 恐惧。见于小篆。上古见纽东部）。

　　又如民部：民（见于甲骨、金文、战国简、小篆。上古明纽真部）同萌（见于秦印。上古明纽阳部）、芒（见于金文、战国文字、小篆。上古明纽阳部）、梦（见于金文、战国文字、小篆。上古明纽蒸部），同氓（见于小篆、隶书。上古明纽阳部）、盰

---

①　参见《说文笺识四种》，上海古籍出版社1983年版，第3页。

（见于小篆。上古明纽阳部）。

由以上可知，孳乳不限于形体同部首，意义、音韵的联系很重要。孳乳可反映出从甲骨文到小篆的演进，形体的逻辑变化反映形体的历史发展。汉字的发展总是在归向小篆，在向小篆集结，孳乳虽然不受部首限制，但部首依然是孳乳的基础。此外，"六书"（"四书"）说明文字个体的产生，孳乳说明文字家族的形成。孳乳字是同族字。

关于文字变易，黄侃将它们分成三大类：字形小变、字形大变、字形既变，或同声，或声转，然皆两字，骤视之不知为同①。可知变易是同一个字的形体变化，前面举例中每个字从甲金文到小篆到楷书，都是变易。黄侃说的第三类，他举的例子是"天"（人头顶上方）字变易成"颠"（头顶）字，"丂"古文以为"于"字，后变易成"于"。黄侃有《字通》，云："某即某字、某即某之后出、某当作某、某正作某、某变作某、某后作某、某俗作某、某于经文作某。"②这里的"即、后出、当作、正作、变作、后作、俗作、于某处作"，都是"变易"的代名词。由此可知，变易是指同一字变易成其他形体，变易成其他写法。而孳乳是一个字变易成另一个与该字有联系的字。孳乳的重心在变成了另一个字，重在音、形、义的综合性上说文字，它遵循 A1、A2、A3……An 式，各构成因子间都不同，但意义上仍与 A 有联系；变易的重心在变成了同一个字的另一种写法，重在只从形体变化上说文字，它遵循 A′、A″、A‴……An′，各构成因子仅形体不同，音义一般仍然是 A。两者的区别显然。

章炳麟《文始》明确了每个源字的纵向孳乳，以构建字族，也明确了该源字的后世的横向变易，以明其字族中某字的不同存在形态。例如：

---

① 见《黄侃论学杂著》，上海古籍出版社 1980 年新 1 版，第 6、7 页。
② 见《说文笺识四种》，上海古籍出版社 1983 年版，第 87 页。

左，孳乳为佐。左因有卑贱义由上古歌部对转为元部孳乳为贱。佐助字佐由歌部对转元部孳乳为赞。由赞字孳乳为三玉二石的瓒，孳乳为盖浇饭的饡，孳乳为积竹杖成丛木的欑，孳乳为"最"义的儹，孳乳为"百家"义、"聚"义的酇。元部的儹复转文部变易为"聚集"义的僔。[1]

如要具体说明字族内的文化，则需逐字落实为好。以前面提到的"民"字为例。民，甲骨文乙一期455作罕，金文作罙，郭沫若谓："象用金属器刺盲左目形，作为奴隶的象征。"民，奴隶，发展到后来作"普通百姓"讲。《文选·汉张衡〈东京赋〉》："民忘其劳，乐输其财。"李善注引薛综曰："民，谓百姓也。""民"孳乳为"萌"。萌，本义为草木的牙，借作"氓"。民，农民。《墨子·尚贤上》有"国中之众，四鄙之萌人"句。"萌"孳乳为"芒"。芒，战国芒阳令戈金文作𦬣，本义为多年生草本科植物。又孳乳为梦。梦，《甲骨文编》："象人依床而睡，寢之初文。"借作"萌"。孳乳为"氓"已由《墨子》例可知。又孳乳为"甿"，古指农村居住的老百姓。《说文》："甿，田民也。"《周礼·地官·遂人》有"以田里安甿"句。甿，草民。以上孳乳可看出"民"字的音形义衍变过程。

孳乳是文字发展的纵向历史过程，变易是这一过程中的支脉，是纵向大过程中的小过程。要是从过程哲学来看待孳乳和变易，那么，文字的孳乳和变易正是文字发展过程中的"流形"。正如英国过程哲学家怀特海所说的那样，我们所能把握的是"流形"，是"过程的形式"，而这些"过程的形式"象征着我们卷入其中的"文明宇宙"。流形是用符号来表示的，符号、形式、观念都是能指，过程和生生不息的世界才是所指。文字的孳乳、变易，这些"过程形式"的考量，象征着我们更深

---

[1]　参见《章太炎全集》七，上海人民出版社1999年5月第1版，第175页。

入地卷进汉字世界的"文明宇宙"。"流形""过程形式"都需要通过一个一个汉字的变化来说明,但一个个汉字还只是能指,而孳乳和变易所代表的过程,生生不息的汉字汉语生命世界才是"文明宇宙"的所指。隐藏在《说文》字里行间中的文字孳乳、变易,比单个形态的汉字更有汉字文化学价值。

(六)《说文》中的玉器

古代有石器文化、青铜器文化、玉器文化。前两种,今天只有研究价值、鉴赏价值,后一种今天仍广泛存在,且有使用价值。有人将玉器时代分成十类:红山文化玉器、良渚文化玉器、龙山时期玉器、齐家文化玉器、商代玉器、西周玉器、春秋时期玉器、战国时代玉器、汉代玉器、唐宋元明清玉器。① 前四类都是新石器父系氏族社会时期的文化,良渚文化是长江流域的文化,其余都是黄河流域文化。《说文》中的玉器名,起码反映了汉代玉器文化。

图 9　红山文化青白玉龙首形佩

---

① 　参见《中国古代玉器》,吴棠海著,科学出版社 2012 年 4 月第 1 版。

《说文·玉部》收录了 126 字,另有新附字 14 个,是研究上古玉器文化的珍贵材料。

《说文》说"玉"有五种性质和品格:"润泽以温,仁之方也",柔润有光泽给人以温和的感觉,这可拟比人的仁的品质;"鰓(sāi)理自外,可以知中,义在方也",玉的纹路自外而内,可从外往里看得一清二楚,好比人的义;"其声舒扬,尃(fū,散开)以远闻,智之方也",玉的声音舒缓悠扬,传至远方,这好比是人的智慧;"不桡(náo 屈服)而折,勇之方也",不弯曲而折,犹人宁死不屈之勇;"锐廉而不技,絜之方也",虽然有棱角,但不伤人,好比人的高洁。说玉的性质处处联系到人,这真是视物为人,"人化了自然物",从人性化、道德化、社会化的视角看待自然物之玉,不能不说许慎的哲思之于论物的特色和高明。

《红楼梦》第三十七回写海棠诗社第一次赛诗会上,大家都不约而同地写到了玉。贾探春写了"玉精神":"玉是精神难比洁,雪为肌骨易销魂。"薛宝钗写了"玉质地":"淡极始知花更艳,愁多焉得玉无痕。"贾宝玉写了"玉灵魂":"出浴太真冰作影,捧心西子玉为魂。"林黛玉写了"玉器物":"半卷湘帘半掩门,碾冰为土玉为盆。"这实际上是潇湘妃子对自己未来的写照,冰心玉洁的她变尘土时就用一尘不染的玉盆来盛它(她)。四首海棠诗都是写的玉的品质呀!这倒是与许慎再三表彰玉的仁义、智慧、高洁之"玉品质"是一致的。这或许就说明:玉的最重要的价值在其文化价值。

许慎解释玉器的方法也是多种多样的,总原则是抓住玉的自然性质。例如:

从颜色释玉。瓊,赤玉。

从声音释玉。球(即璆字),玉声也。玲,玉声。瑝,玉声也。

从产地释玉。璠,鲁之宝玉。珣,夷玉。

从质地释玉。瑾、瑜,美玉也。璊,三采玉也。

从光释玉。瑛,玉光也。

从用途释玉。珑,祷旱玉。瑞,以玉为信。瑱,以玉充耳也。

从形体大小释玉。珽,大圭,长三尺,抒上终葵(钟馗)首。

从玉器加工释玉。琢,治玉也。

从综合性上解释玉器。瑕,玉小赤也(大小和颜色)。玖,石之次玉黑色者(质地和颜色)。玤(bàng)石之次玉者,以为系璧(质地和用途)。

如果把《说文》玉名与今存的古代玉器对照,则可彰显《说文》的价值。碧玉,《说文》:"碧,石之青美者。"碧玉以色青绿、鲜绿为贵,《说文》的解释取上好碧玉说之。古代妇女作头饰用的碧玉簪,民间广为流行。西汉楚王刘注墓出土的号称"中国第一棺"的镶玉漆馆使用 2095 块玉片,多为玛纳斯河流域之碧玉。今存最著名者有清代乾隆御制碧玉"樊桐仙侣图"笔筒,又有 1986 年扬州玉器厂工艺美术大师顾永骏、黄永顺用重达 1.1 吨优质玛纳斯碧玉雕刻而成的"聚珍图"玉山,集乐山大佛、大足大佛、龙门大佛和云冈大佛为一体,今藏北京中国工艺美术馆。[1]

图 10　清乾隆御制"樊桐仙侣图"碧玉笔筒

---

[1]　这段话见窦广利编《古玉六百问》,台北市品冠文化出版社 2015 年 4 月,第 31 页。

又如玉璜,《说文》"璜,半璧也"。玉璜是一种弧形玉器,汉代玉制称"半璧曰璜"。可见许慎的说法循汉制。但出土的玉璜常常只有三分之一玉璧大小。弯弧两端有小孔,往往出于墓主领下,可能用于佩戴,故又称佩璜。一般说来,大型璜作礼仪玉,中小型的作佩饰。玉璜的纹饰有龙头形、虎头形、龙头龙尾形、鱼头鱼尾形等,纹形有鳞纹、云纹、鸟纹、三角纹等。今见距今 5300 年至 4200 年以前的良渚文化羽冠神人兽面飞目纹玉璜。[①]

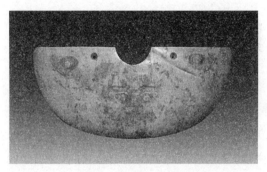

图 11　良渚文化玉璜

又如玉琮,《说文》:"琮,瑞玉,大八寸,似车釭。"段注:"如车釭者,盖车毂空中不正圜,为八觚形,琮似之。"玉琮是一种外方内圆的柱状管形玉器。方圆表示天圆地方,是祭祀地神的礼器。玉琮出现于新石器时代,以良渚文化最发达,其中有的还刻有兽面纹饰。高长琮内圆两端直径不一,上大下小,呈牙身状,将柱体分成若干节。汉朝以后玉琮逐渐消失。[②] 可知《说文》对玉琮解释的可贵。今存有良渚文化玉琮,有似车釭,可证许说之正确。

①　这段话见窦广利编《古玉六百问》,台北市品冠文化出版社 2015 年 4 月,第 75 页。
②　这段话见窦广利编《古玉六百问》,台北市品冠文化出版社 2015 年 4 月,第 73 页。

又如玉琥。《说文》："发兵瑞玉，为虎纹。"玉琥是雕成虎形的玉器。表面纹饰多以云纹为主，也有条状纹、鳞纹、穀纹、乳丁纹等。据记载，琥用来礼遇西部少数民族，也可用来发兵。今可见清代旧玉玉琥。[①]

又如玉璋。《说文》："剡（yǎn，削除）上为圭，半圭为璋。"意思是说，将圭削了半壁，就成了璋。玉璋是一种扁平的长方形器物。一端斜刃，形似半壁圭。玉璋见于龙山文化，盛行于商周，春秋以后较少见。[②] 今存龙山文化玉璋。

《说文·玉部》多处提到玉圭。例如：琬，圭有琬者。璋，半圭为璋。珓，大圭也。瑒，圭尺二寸。瓛（huán），桓圭，公所执。珽，大圭。瑁，诸侯执圭朝天子。瑑（zhuàn），圭璧上起兆瑑也，意即在玉圭上雕饰凸纹。《说文·土部》"圭"字下称圭为祥瑞之玉，"上圜下方"，并说"公执桓圭，九寸；侯执信圭，伯执躬圭，皆七寸；子执穀璧，男执蒲璧，皆五寸"，还说"珪"是"圭"字的古文。那么，什么是玉圭呢？玉圭是一种上端呈圆形，或呈三角形或呈直平状，身为长方形的玉器，是天子祭祀天用的。《周礼·冬官·考工记》："天子圭中必。四圭尺有二寸，以祀天。"此外，玉圭还有区别等级和作符节用等职能，一般可分为大圭、镇圭、信圭、平首圭、尖首圭、躬圭、桓圭、琬圭、琰圭、玉瑁十类。《说文·玉部》已列出琬圭、大圭、玉瑁、桓圭四类，"圭"字下又列出信圭、躬圭，共六类，可见许慎对玉圭的研究已很到位了。距今约4000年至3500年的龙山文化中已有玉圭，商代早期的玉圭在龙山文化的基础上增加了绳索类纹饰，商代中晚期圭的端部和纹饰等多有变化。[③] 今可

---

① 这段话见窦广利编《古玉六百问》，台北市品冠文化出版社2015年4月，第76页。

② 这段话见窦广利编《古玉六百问》，台北市品冠文化出版社2015年4月，第75页。

③ 参见窦广利编《古玉六百问》，台北市品冠文化出版社2015年4月，第134页。

见西周尖首圭。①

　　《说文》将璧、瑗、环三条接排在一起,完全据《尔雅·释器》的做法,且解释文字也是据《尔雅》的。《说文》"璧"字下"瑞玉,圜也","瑗"字下"大孔璧,人君上除陛(台阶)以相引"。《尔雅》曰:好倍肉谓之瑗,肉倍好谓之璧","环"字下"璧也。肉好若一谓之环"。肉,璧边,好,璧孔。《尔雅》说法的顺序是璧、瑗、环,即"肉倍好谓之璧……谓之瑗……谓之环"②,可见《说文》释玉的顺序与《尔雅》顺序相一致。玉璧、玉瑗、玉环相似,玉瑗的中孔最大,桂馥《说文义证》说:"孔大能容手。"玉环多用于佩饰,《韩非子·说林下》:"吾好佩,此人遗我玉环。"唐代张籍《蛮中》诗:"玉环穿耳谁家女,自抱琵琶迎海神。"③今可见良渚文化的玉璧、汉代龙凤纹璧、益寿璧、兽形纹双层玉璧、商代多色玉环。④

　　玉山文化是玉器文化的升华。将玉材制成各种玉器、饰物是玉器文化,将玉材加工成记载神话故事、历史传说的玉山,是更丰富、更有价值的大型玉器文化,它是玉器文化的升华,前面提到的扬州艺人用玛纳斯碧玉雕刻而成的"聚珍图"玉山即是。

　　清代乾隆年间制作的"大禹治水图玉山"是又一代表作。这座玉山高224厘米,宽96厘米,座高60厘米,重约5330公斤,以新疆和田密勒塔斯山青白玉制成,下面承以铜嵌金丝山形座。玉山雕刻着崇山峻岭、古木丛立、洞壑溪涧,大禹在正面山腰上亲自劳作,追随他的民众,有的在锤打,有的在镐刨,有的在用杠杆捶击,凿石开山,使水流

　　① 参见窦广利编《古玉六百问》,台北市品冠文化出版社2015年4月,第74页。
　　② 参见本书《尔雅》"释器"的文化部分。
　　③ 以上提法参见了窦广利编《古玉六百问》,台北市品冠文化出版社2015年4月,第81页。
　　④ 见吴棠海著《中国古代玉器》,科学出版社2012年4月第1版,第4、5、90、197、198、202页。

图 12　清制大禹治水玉山

淌,生动地再现了大禹治水的劳动场面和宏伟景观。艺术家顺玉材之天然情势而为,匠心独运,经艰苦创造,制成了这件稀世珍宝。史载,隋唐时期的著名画家展子虔、吴道子、顾恺之等都有《大禹治水图》画作,但年代久远,恐已失传。目前广为人知的《大禹治水图》是宋代一佚名画家之作,今藏于台湾故宫博物院,它正是玉山图的蓝本。①

　《说文》还提供了另一种玉器文化,即玉器如何排序的文化。不同时代的玉器,可按前面提到的玉器分期来排,那么同一时代的玉器该如何排序呢?段玉裁已指出的《说文·玉部》字的次序是重要参照。段说《玉部》部首字"玉"字后的第2字"璙"至124字"靈"都是玉器名,其中第18字"瓒"是"用玉之等级",19号"瑛"是玉光,20号"璊"至24号"琳"是"记玉之恶(丑)与美也",25号"璧"至40号"瑞"都是说能成为祥瑞之器的玉器,41号"璬(jiǎo)"、42号"珩(héng)"、43号"玦(jué)",44号"珥(ěr)"至56号"瓃(léi)",都是以玉为装饰品的玉器。57号"玼(cǐ)"至62号"瑕",都是讲玉的颜色。63号"琢"、64号"琱(diāo)"、65号"理",都是讲整治、制作玉器的。66号"珍"、67号"玩",都是讲喜爱、赏玩玉器的。68号"玲"至73号"瑝(huáng)",都是讲玉的声音的。74号"瑀(yǔ)"至80号"玖"是讲玉石中的次玉的,81号"珝(yí)"至102号"瑎(xié)"是"石之似玉者也",103号"碧"、104号"琨"、105号"珉"、106号"瑶"都是说美玉的。107号"珠"、108号"玓(dì)"至120号"珋"都是珠类。121号"玲"、122号"遗玉"字,都是送别死者的玉。123号"璗(dàng,金)"是"异类而同玉色者"。124号"靈"是"能用玉之巫"。段玉裁说:"通乎《说文》之条理次第,斯可以治小学。"这里的"条理次第"就是每个字意义之间的联系,及其形成的相引之序,现代语义学把它叫作语义逻辑(semantic logic)。上例也可看作

① 有关材料见《光明日报》2013年8月21日第9版《大视野》。

《说文》中的语义逻辑文化,类似的说法和例证还很多①。但《玉部》是解释玉器名的名物释义,名物解释一方面固然更能体现古代的正名逻辑意义,另一方面也更能直接反映出名物的性质,彰显它们之间的联系和区别,成为我们给诸多玉器排序的重要参照。

(七)《说文》中的乐器和音乐文化

中国古代的音乐文化有很高的地位。《周礼·地官·保氏》"养国子以道",教之以"六艺":礼、乐、射、御、书、数。汉代的"六经"则有《诗》《书》《礼》《乐》《易》《春秋》,今文家说原本无《乐》经,附于《诗》经中,古文经学派则说本有《乐》经,秦火后亡。"五经无双"的许叔重,当然会信从"六经",坚守"六艺",重道重《乐》,维护音乐文化的崇高地位,是其必然的学术担当。

《说文》说到的打击乐器大致有:

鼓。《说文》的《壴部》(壴,读 zhù,陈列乐器,鼓架)有"鼓"字:"鼓,郭也。春分之音,万物郭皮甲而出,故谓之鼓。"说"鼓"是春天之音,春天万物都包裹着皮甲而出,所以叫作鼓。并说周代有"六鼓":雷鼓、灵鼓、路鼓、鼖鼓、皋鼓、晋鼓。《鼓部》有各种鼓。馨鼓(鼓役事的大鼓)、鼖鼓(鼓军事的大鼓)、鼙鼓(军中小鼓),还有表"鼓声"的若干字。打击乐器鼓应是人类发明的最早的乐器,有大量的陶响器在新石器晚期遗址中出土,1978 年山西襄汾陶寺遗址有与木鼓、石磬放在一起的陶鼓,距今已逾 4500 年。②

磬。《说文·石部》:"磬,乐石也,从石殸(qìng,同磬)。象悬虡(jǔ,挂钟鼓的木架子)之形。殳,击之也。古者母苟氏作磬。"乐石,即

---

① 例如,《说文段注》"吏"字下、艸部后、足部"跋"字后,等等。
② 参见戴微《中国音乐文化简史》,香港中和出版有限公司 2011 年 10 月出版,第 28 页。

石乐，石制乐器。意即把磬挂在虡上，敲击成乐。山西襄汾陶寺早期墓葬遗址出土的四件石磬，约为公元前 2500—公元前 2400 年。四件中有一"襄汾特磬"，长 138.0 厘米，是迄今发现的最大的磬。① 许慎讲"殸"本身就像挂着的木架，这不仅单个的磬上端总是有个小洞，便于穿绳悬挂，更在于上古有编磬，悬挂后便于演奏出组合音。商代编磬，原出河南安阳殷墟，今藏北京故宫博物院的三组编磬，工艺精良，并刻有铭文。② 最有名的，还是曾侯乙墓③出土的战国编磬，上下两排共 32 枚④。磬本身不仅是乐器，也是造型艺术品。这就像玉器那样，磬也有各种形制和纹饰的。例如：安阳小屯妇好墓出土的鸟纹石磬，安阳武官村商代晚期墓出土的虎纹石磬，安阳大司空村 539 号墓出土的鱼形磬。⑤

　　钟（鐘）、镛、镈、镈。《说文·金部》："鐘，乐钟也。秋分之音，物穜（tóng，先种后熟）成。从金，童声。"二十四节气中最重要的四个：两分（春分、秋分）两至（夏至、冬至），鼓音和钟音占尽"两分"。今见秦始皇陵刻有"乐府"字样的秦代错金银钮钟⑥，但钮钟可能西周末就有了。

　　① 据黄学敏编著《中国音乐文化史》，中国人民大学出版社 2013 年 1 月第 1 版，第 15 页。
　　② 参见戴微《中国音乐文化简史》，香港中和出版有限公司 2011 年 10 月出版，第 37、39 页。
　　③ 1977 年 9 月，解放军某空军雷达所修理所扩建厂房，偶然在湖北省随县擂鼓墩发现一座特大型古墓，后来被命名为"曾侯乙墓"。从 1978 年 5 月 11 日开始发掘，至 6 月 28 日发掘结束，共出土文物 15000 余件，其中乐器共有 9 种 125 件。如此规模的乐器出土在我国考古史上实属罕见。
　　④ 参见戴微《中国音乐文化简史》，香港中和出版有限公司 2011 年 10 月出版，第 63 页。
　　⑤ 参见戴微《中国音乐文化简史》，香港中和出版有限公司 2011 年 10 月出版，第 38 页。
　　⑥ 参见戴微《中国音乐文化简史》，香港中和出版有限公司 2011 年 10 月出版，第 84、85 页。

最有名的,还是曾侯乙墓出土的战国编钟,悬于上层的就有钮钟 19 枚①。《说文》"镛"字下:"大钟谓之镛。"这与《尔雅·释乐》的说法完全一致。甲骨文中有"庸舞"二字,指一边奏击大钟"镛",一边跳舞。但商代的镛一直未见到,《说文》记录下"镛",以文字之虚补实物之实,仍很可贵。镈,又称鎛,是青铜制的乐器,形似钟而口缘平,有钮,单独悬挂,以槌叩击而鸣,东周盛行。《说文》:"鎛,大钟。淳于之属,所以应钟磬也。"淳,镎,鎛。镎于,圆形金属敲击物。敲击发声应和钟、磬。这里,《说文》已说出了古代打击乐器的和声。《说文》"鎛"字下:"鎛鳞也,钟上横木上金华也。"这里说的是古代悬钟的架子上所雕龙蛇等涂金饰物,许慎没有讲作为大钟的鎛(一作镈)和作为小钟的鎛。今有出土的江西新干大洋洲鎛,在音乐考古学上价值特别重大②。

铃、铎、镯、铤、铙。《说文》:"铃,令丁也。"据段注:令丁是铃的汉代名称,汉代以前也叫丁宁。系在旗帜上的叫铃。铃是我国最早出现的有舌青铜乐器。1983 年山西襄汾陶寺遗址出土铜铃一枚,是迄今考古发现的最早的铜铃③,断代约为公元前 20 世纪至公元前 19 世纪的夏代。后世的铙、钟、铤、铎等都是承铃制形貌而来。铙,《说文》:"小铤也。军法卒长执铙。"铎,《说文》:"大铃也,军法两司马执铎。"考古发现铙出土很多,仅江西省就出土大铙 19 件。1983 年湖南宁乡月山铺出土的兽面纹大铙是目前发现的最大的铙。这些均可补《说文》之释。但铙有大小之分,小铙为执柄敲击,振动发音方式叫"执鸣",大铙

① 参见戴微《中国音乐文化简史》,香港中和出版有限公司 2011 年 10 月出版,第 62、63 页。

② 参见黄学敏编著《中国音乐文化史》,中国人民大学出版社 2013 年 1 月第 1 版,第 27 页。

③ 参见黄学敏编著《中国音乐文化史》,中国人民大学出版社 2013 年 1 月第 1 版,第 25 页。

图 13　曾侯乙编磬

植于地上土槽中,击之而鸣,叫"植鸣"。① 前者大约就是《说文》说的"小钲"之铙。

柷、敔。段注本《说文·木部》:"柷(zhù),乐木椌(qiāng,柷)也。"又《木部》:"椌,柷乐也。"柷是打击乐器,乐工以柷节音,表示音乐分节,开始新的一段。敔(yù),古代乐器,又名楬(qià),雅乐将尽时击以止乐。《说文·支部》:"敔,禁也。一曰乐器,椌楬也。形如木虎。"故宫博物院收藏有清代宫中使用的柷、敔。②

《说文》说到的吹奏乐器大致有:

壎(埙)。《说文·土部》:"壎,乐器也,以土为之,六孔。"壎,即埙字。段注称埙"大如鴈(鹅)卵"。埙用陶土烧制而成,周代吹奏乐器以埙为主,出现了七音孔埙,音响完备。今有河南新郑出土的东周七音孔埙③。这一时期,打击乐器有缶,似可与埙配套使用。段注引《白虎通》:"《乐记》云:壎,坎音也。"《诗·陈风·宛丘》:"坎其击缶,宛丘之遭。"坎,可解释为打击缶的声音,但与下文"击缶"不免意义重复,故可指吹埙的声音,吹埙和击缶相配相和。更早的有新石器时代的巫山石埙④。

竽、笙。《说文·竹部》:"竽,管三十六簧也。笙,十三簧,象凤之身也。笙,正月之音,物生,故谓之笙。大者谓之巢,小者谓之和。"簧是乐器里用以振动发声的薄片,传说是女娲发明的,《说文》"簧"字下:

---

① 参见黄学敏编著《中国音乐文化史》,中国人民大学出版社 2013 年 1 月第 1 版,第 27 页。戴微《中国音乐文化简史》,香港中和出版有限公司 2011 年 10 月出版,第 44、45、46、47、48 页。

② 参见戴微《中国音乐文化简史》,香港中和出版有限公司 2011 年 10 月出版,第 69 页。

③ 参见黄学敏编著《中国音乐文化史》,中国人民大学出版社 2013 年 1 月第 1 版,第 58 页。

④ 参见胡企平著《中国传统管律文化通论》,上海音乐出版社 2003 年 12 月第 1 版,图版第 5 页。

"古者女娲作簧。"美国语言学家萨丕尔说,人的声带就相当于乐器中的簧片①。这样一讲就清楚了。竽,长沙马王堆一号汉墓出土的竽有二十二管,分前后两排。

箫、篴。《说文》:"箫,参差管乐,象凤之翼。"言列管参差,长短不一,竽笙列管多但不参差。篴,《说文·龠部》:"龥,管乐也。篴,龥或从竹。"

琴、瑟、筝。《说文·珡部》称琴是神农氏发明的,初为五弦,周代又加二弦,成为七弦琴;称瑟是伏羲氏发明的。段注本《说文·竹部》:"筝,五弦筑身乐也。""筑,以竹曲五弦之乐也。"段谓当作"筑曲,以竹鼓弦之乐也"。考古发现有荆门郭店七弦琴、曾侯乙墓十弦琴,瑟有湖北当阳曹家冈 5 号墓漆瑟、曾侯乙墓瑟。筝,江西贵溪仙水岩战国早期崖墓的十三弦琴,江苏吴县长桥战国墓的十二弦琴,很可能都是筝,其形制似瑟而小,弦数亦较瑟少,惜弦、柱未见同出②。

从笙到瑟的出土文物,曾侯乙墓出土的 9 种 125 件,除了号称"世界第八大文化奇观"的编钟以外,还有编磬、鼓、琴、瑟、均钟(确立标准音高的乐器)、笙、排箫、篴③。

笛。《说文·竹部》:"笛,七孔笛也。羌笛三孔。"段注据有关文献说汉时长笛五孔,《说文》言"七孔"者为古笛,并称汉初古笛已亡,别以

---

①　[美]爱德华·萨丕尔《语言论——言语研究导论》,陆卓元译,陆志韦校订,商务印书馆 2009 年 7 月《汉译世界学术名著丛书》(珍藏本)版,第 41 页。

②　有关琴、筑、筝的考古材料,见戴维《中国音乐文化简史》,香港中和出版有限公司 2011 年 10 月出版,第 66、67 页。

③　参见王文俐、李诗原《中国民族乐器的历史与形态》,中国社会科学出版社 2012 年 3 月第 1 版,第 53 页。

"羌笛三孔"补说之。河南贾湖骨笛[①]中,属于中期的距今约 8600 年至 8200 年,骨笛上开有七孔,能奏出六声和七声音阶。如 282 号墓出土的两件七孔骨笛,制作精良,保存完好,距今 8 千余年,可自然吹奏出完整的六个音阶,若用叉口的方法加以控制,则可吹奏出完整的七声音阶。现藏于国家博物馆的 78 号墓出土的一支七音孔骨笛上有开孔时的刻痕,可以明显地看出音孔的设计和修改过程。[②] 贾湖骨笛是我国也是全世界所知道的年代最早的乐器。

《说文》"笛"字下,在汉初古笛或已消失的情形下,不得不以羌笛补述之,但仍明确无误地说出,《说文》之"笛"说的是古笛"七孔笛"。今可知其竟能与八千余年前的古骨笛遥相接应,实亦《说文》乐器文化之奇。

《说文》中的音乐文化,"音"字下段注本《说文》:"声也。生于心,有节于外,谓之音。宫、商、角、徵、羽,声;丝、竹、金、石、匏、土、革、木,音也。从言,含一。"这里,传统说及的"五声八音"俱全。《说文》"乐"字下:"五声八音总名。象鼓鞞(pī,鼙)。木,虡也。"意思是说"乐(樂)"字的上半部分像敲击鼙,下半部从木字像悬挂乐器的木架。乍一看,"音""乐"二字是同义的,都是说"五声八音",但实际上不一样。"诗言

---

① 贾湖骨笛分别于 1986 年、1987 年、2001 年在河南舞阳贾湖新石器时代遗址三批出土。前两批共出土 25 支骨笛,完整的有 11 支。从这些骨笛的形制看,可分早中晚三期。这与贾湖文化遗址的三个发展阶段基本相符。早期的距今约 8600—9000 年,骨笛上开有五孔或六孔,能奏出四声音阶和完备的五声音阶,如 341 号墓出土的六孔骨笛能发七个音,可构成完整的五声音阶加一个大三度音程。晚期的距今约 7800 年至 8200 年,能奏出完整的七声音阶和七声音阶以外的一些变化音,如 253 号墓出土的一支八音孔骨笛,可以排列出三种不同调式的七声音阶,已具备转调雏形,而且其制作也经过精心设计和计算。这些资料的引用参见了黄学敏编著《中国音乐文化史》,中国人民大学出版社 2013 年 1 月第 1 版,第 13 页。

② 黄学敏编著《中国音乐文化史》,中国人民大学出版社 2013 年 1 月第 1 版,第 13 页。

志,歌咏言",诗(的乐曲)是用来言说内心志趣的,歌声是咏唱内心之
"言"的。音是生于心的心声之"言",而又受到外物的节制,即用八种
东西制成的乐器来表达那内心的心声之"言",并形成一定的节奏。
乐,是奏出"五声八音总名"的器械,"乐(樂)"字本身的造形已告知它
是什么意思了。由以上可知,许慎区分"音"和"乐",段玉裁的注文亦
可为旁证,"音"字下段注引《乐记》:"声成文谓之音。"段玉裁并说许书
说解"音"字的构成"从言,含一",是"有节之意也",即"音"是有节奏
的。"乐"字下段注:"比音而乐之,及干戚羽旄谓之乐。"意即连续演奏
乐曲而娱乐,像古代神话故事"刑天舞干戚"那样起舞。可见"乐"与
"舞"相伴,演奏乐器伴舞。从汉语文化说,"音乐"一词只是个近义语
素构成的双音节词,不是同义语素的。区分音和乐是上古代表性的音
乐观,许慎继之。《礼记·乐记》:"乐,音之所由生也。"可见乐为乐器、
乐舞,音为音调、歌声、旋律。《吕氏春秋》的《侈乐》篇专论乐器,《古
乐》篇专论乐舞,《适音》篇专论音调,《音初》专论东西南北各种音调、
歌曲之始创。《说文》追寻造字之初的字的本义,"音"字、"乐"字之本
义,当然会跟"古乐""音初"之说相一致。

　　《说文·音部》:"章,乐竟为一章。从音,从十。十,数之终也。"
《音部》:"竟,乐曲尽为竟。从音,从人。"这两个字都与"音"字密不可
分,都是讲音调、歌曲、乐曲的。《诗经》分章实际上就是原本乐曲的
章,后来《诗经》乐曲失传了,文字留了下来。今天我们见到的《诗经》
的分章,让人误以为是文字分章,实际上不是。

　　《说文》的音乐文化中,"音"是讲音调的。音调的规则,各种音阶
的准确度,亦即音高标准就是音律。许慎对"律"字的解释也是引人注
目的。《说文·彳部》:"律,均布也。从彳,聿声。"段注:"《尔雅》:'坎、
律,铨也。'律者,所以范天下之不一而归于一,故曰均布也。"坎,按俞
樾说通"科",品类,分等级。《说文》的说法,与《国语·周语》记载的音

121

律学家伶州鸠答周景王(前 544—前 520 年在位)问律是一致的。周景王二十三年(前 522 年),景王问律,伶州鸠答曰:"律,所以立均出度也。古之神瞽考中声而量之以制,度律均钟,百官轨仪,纪之以三,平之以六,成于十二,天之道也。"《说文》"均布",段注"范天下之不一而归于一",与伶州鸠"立均出度","度律均钟"如出一辙。

具体制定标准音律,古代制有管状竖吹定音器,用它来确定黄钟标准音高,这定音器叫作"钧",又叫"黄钟律管",定下的音就叫作黄钟音,或简称黄钟。研究黄钟律管的管长,就成了揭开古代标准音的一个关键性课题。近人陈奇猷说:"考管乐音调之高低,即振数之大小,决定于音速、管长、管径以及开管或闭管。今以闭管长九寸计算,其音与 G 相同。此音取为黄钟之宫,正是中和之音、清浊之衷。由此亦益明黄钟管长当为九寸也。"①

古人的世界观,宇宙之道,太极太一;万物之变,阴阳五行;天文历法,四时之序;主体心性,五脏六腑,如此等等,都相异而相似,都合于大体统一的规则,处在一个统一场论之中,这是古代最根本的文化观念。音乐作为一种主体自我创造,当然也合乎这一总体观念。正如唐代的韩愈所示:"金、石、丝、竹、匏、土、革、木八音,物之善鸣者也。维天之于时也亦然,择其善鸣者而假之鸣。是故以鸟鸣春,以雷鸣夏,以虫鸣秋,以风鸣冬。四时之相推敚(duó,夺。推移),其必有不得其平者乎?"②是说人借金石鸣人心,大自然有虫鸟鸣四时,其情一也。《说文》则直接说钟鼓鸣四时。《说文》说鼓是春分之音,钟是秋分之音,笙是正月之音,管、籥都是十二月之音。以音鸣人心与鸟鸣四时相一致,甚至直接将音乐傅于时序,都是古代世界观统一场论的反映。下表可

---

① 陈奇猷《吕氏春秋新校释》,上海古籍出版社 2002 年 4 月第 1 版,第 299 页。
② 见韩愈《送孟东野序》的文字。

知古人构想的五音与世界的对应：

五音	五行	方位	季节	天气	五色	五味	五脏	七窍
角	木	东	春	风	青	酸	肝	目
徵	火	南	夏	热	赤	苦	心	舌
宫	土	中央	季夏	湿	黄	甘	脾	口
商	金	西	秋	燥	白	辛	肺	鼻
羽	水	北	冬	寒	黑	咸	肾	耳

　　《国语·周语中》又说："五味实气，五色精心，五声昭德，五义纪宜。"可知五行的具体派生，意义重大，性质不凡，将自然、人生、社会密切联系，浑然一体。

　　下表又可知十二律名与夏历十二月的对应（按《礼记·月令》）：

月建	子	丑	寅	卯	辰	巳	午	未	申	酉	戌	亥
夏历	十一	十二	正月	二月	三月	四月	五月	六月	七月	八月	九月	十月
律	黄钟	大吕	太簇	夹钟	姑洗	仲吕	蕤宾	林钟	夷则	南吕	无射	应钟

　　由以上两表可知，古人眼中的音乐，是外部自然界的反映，是人类主体对自然客体的经验体察和认知，两者是同一的、统一的，而统一的存在积淀在音乐之中。

（八）《说文》中的中医、中药

　　陆宗达先生曾说："《说文解字》这部书里收集了许多有关身体、脉络、病状以及草药、砭石、针灸等方面的文字，不但可以使我们借以了解古医书的名词术语含义，也有助于了解古代医学的起源和发展的概况。"[①]

---

　　①　见陆宗达《说文解字通论》，北京出版社出版，第184页。

　　《说文·酉部》："醫,治病工也。"犹言"治病者"。古代从医被视为低下的职业。《论语·季氏》："人而无恒,不可以作巫医。"又如韩愈说及的"巫医、乐师、百工之人","巫""医"二字连用,"医"字作"毉",意为古代用祝祷、占卜等迷信方法来治病。"医",亦即"毉"。《说文》肯定"医"是"治病的人",且书中不收那个"毉"字,至少可以说《说文》秉承《周礼》"医师、食医、疾医、疡医、兽医"之说,还"医"之本义。《说文·艸部》："药(藥),治病艸。"医是"治病工",药是"治病草",都凸显了医和药的治病作用,凸显了中医、中药的关联。

　　中医的基本理论依据是"气""气血"论。《说文》"瘀,积血也"。指气血不和不畅,血流淤积堵塞。"瘷"字下："屰(nì 同逆)气也。""瘩"字下："气不定也。""瘅"(bì)字下："足气不至也。"脚麻,脚筋肉痉挛。"瘇"(zhǒng)字下："胫气足腫。"小腿气血不畅造成脚腫(肿)。《说文》以"气""气血"解病,颇可见许慎宗古代医学要义,亦许书医学文化精义。有谓中国古代的元气论、气论,相当于古希腊的原子论。"气"字甲骨文就有,作"☰"字形,因其易与数字"三"相混,将上一横上折、下一横下折,而成"气"字。到孟子(大体与柏拉图同时)提出养"浩然之气"。可知古希腊原子论、中国的元气论,都是德国历史哲学家雅斯贝尔斯提出的"人类的轴心时代"(公元前 500 年、400 年左右)的产物。中国古代的"气"就相当于古希腊的"原子"(包括分子)。现在,已进入分子生物学、分子医学水平的西方医学,尚且频频引用中医解决许多难以解决的问题,那么建立在古代元气论即古代原子(包括分子)论基础上的中医,正应当用现代分子生物学、分子医学理论来对中医经络学、络病学做出科学解释,这样更符合中医的内在学理:一以贯之的气论、元气论。这样做,是不是弘扬祖国医学传统,并与世界接轨的一条现代科学之路呢?

　　如何治病?《说文》不收"毉"字而收此带"酉"的"医"字,说明许书记录了古代以酒治病这一常规的做法。《说文》"医"字下："酒所以治病也。"《史记·扁鹊列传》中也记载了扁鹊用酒醪（láo 酒糟）治肠胃病的事。中医常说"悬壶济世"，这壶里装的就是药酒。直到今天，医生治疗时还用酒精消毒。另一种治病方法就是针刺。《说文·石部》："砭：以石刺病也。"段注："以石刺病曰砭，因之名其石曰砭石。"并引《山海经·东山经》："高氏之山，其石多箴石。"郭璞注："可以为砭针治痈腫（肿）者。"段注还据《素问》称古"东方砭石，南方九针并论，知古金、石并用"。即金属制针与石制针并用。

《说文》还反映出对人体生理上的认识。"吕"字甲骨文作吕，《说文》小篆作吕。均象脊骨相连。《说文·吕部》："吕，脊骨也。象形。"段注："吕象颗颗相承，中象其系联也。"段还引清沈彤《释骨》称"项大椎之下二十一椎通曰脊骨，曰脊椎，曰膂骨。或以上七节曰背骨，第八节以下乃曰膂骨"。许书的说解、字形都明白无误地告知了人的脊梁骨的模样。

值得注意的是，许书认知人的生理是从胚胎讲起的。《说文·肉部》连讲三字。"腜"（méi）字下："妇孕始腜兆也。"段注本作"妇孕始兆也"。"胚"字下："妇孕一月也。""胎"字下："妇孕三月也。"又《说文·包部》"包"字下段注本作"妊也。象人裹（怀）妊，巳在中，象子未成形也"。怀妊、怀孕的说法最早见于此。《包部》的"胞"字下："儿生裹也。从肉，从包。"段注："包为母腹，胞为胎衣。"段注还说，"胞"字意是"包子之肉"，但不入肉部而在包部，"重包也，包亦声"。综观之，许书区分始孕有兆（今称妊娠反应期）、一个月、三个月、"子未成形"之"包"并"包子之肉"之"胞"。先秦的《文子》和西汉《淮南子·精神》都有"一月而膏，二月血脉"等说法，为段注"胚"字下所引用。后人有综前人说法，云："人受命于天地，变化而生。一月而膏，二月而脉，三月而胚，谓如水泡之状。四月而胎，谓如水中虾蟆胎也。五月而筋，六月而骨，谓

125

血气变化为肉,肉为脂,脂为骨也。七月而成形,八月而动,九月而躁(扰动,大动),十月而生。"如此看来,许书"包"字、"胞"字下讲到"象子未成形""儿生裹""从肉从包",当是六月乎!

《说文》对病理的认识体现在《肉部》以五行说解人的脏器。如说肾是"水藏(通脏,下同)",肺是"金藏",脾是"土藏",肝是"木藏"。"心"字下引通人说为"火藏"。中医病理正从"五运"(即五行)之解释①,如说病于"诸风掉眩"(受风寒而头晕目眩),病在肝木,有"诸痛痒疮",则"皆属心火","诸湿肿满,皆属脾土",好生气发怒,"皆属肺金",而"诸寒收引(犹言寒热来袭),皆属肾水",以上正是"病之因于五运",《说文》对肾、肺、脾、肝、心的解释与中医病理一致。而"风"会表现为"诸暴强直",当调理肝木;"火"含"诸躁扰狂",当调理心火;"湿"会表现为"诸痓(chì 痉挛)强直",《素问》认为是肺移热于肾脏引起的,当调理肾水。此所谓"风、热、火、湿、燥、寒"之"六气","六气"病症经"五运"来解决。古人重视食疗,春天宜微酸以养肝,夏天宜微苦以养心,夏秋之交宜微甜以养脾,秋天宜微辛辣以养肺,冬天宜微咸以养肾。

《说文·疒部》共收 102 字,都与疾病有关。如"疒"(nè)字下:"倚也。人有疾病,象倚着之形。"甲骨文作像人卧床上形。又如"疾"字下:"病也。""病"字下:"疾加也。"疾病加重了谓之"病",直到今天只讲"病重",不说"疾重"。

中医讲究问诊,《说文》对疾病名的解释重视症状。"疡"字下:"头创也。"即头疮。"㾊"(wěi)字下:"口咼也。"此病的症状是口角歪斜,指中风。"痟"(xiāo)字下:"酸痟,头痛。《周礼》曰:春时有痟首疾。"指春天受凉后颈酸头痛病。"瘖"(yīn)字下:"不能言也。"变哑巴不能说

① 五行与五脏的关联,可参见本书第五(七)节的表。相关病理说明的提法见[清]阮葵生《茶余客话》,李保民校点,上海古籍出版社 2012 年 12 月第 1 版,下册第 360 页。

话。"痁"（shān）字下："有热疟，《春秋传》曰：'齐侯疥（按：疥疮）遂痁。'"段注为"有热无寒之疟"，《春秋传》孔颖达疏证"痁"为"大疟"，即很重的疟疾。"疟"字下释为"热寒休作"，发热发寒轮着来。"痎"（jiē）字下："二日一发疟。"许书讲了三种疟疾的病症，但没说哪个重些，哪个轻些。

《说文》对中医药材的解释作用也很大。

《说文·虫部》："蝥（máo），盤（bān）蝥也。""盤"字下："盤蝥，毒虫也。"《神农本草经》称之为斑蝥。又名斑猫、晏青、龙苗、放屁虫等。李时珍《本草纲目·虫部·斑蝥》："斑言其色，蝥刺言其毒，如矛刺也。亦作盤蝥，俗讹为斑猫，又讹斑蚝（cì 同蛓）为斑尾。"斑蝥亦作"盤蝥"之说，正同《说文》。《说文》称盤蝥为毒虫，李时珍谓用斑蝥来以毒攻毒，主治疔毒、犬毒、沙虱毒、蛊毒、轻粉毒。

《说文·虫部》"蜋"字下："蜋，堂蜋也。一名斫父。""蟷（蜡）"字下："蟷蠰，不过也。"堂蜋、蟷蠰，今作螳螂。许书说螳螂又名斫父、不过。《尔雅》亦名"不过"。螳螂为螳螂科昆虫大刀螳螂、小刀螳螂的全虫，又名刀螂、蟷螂、斫父等。李时珍称：蟷螂，两臂如斧，当辙不避，故得当郎之名。俗呼为刀螂，兖人谓之拒斧，又呼不过也。斫父、不过之名，均见于《说文》。功能：补心、舒肝、去风热、定惊痫、散瘀血。

《说文·系部》"繭（茧）"字下："茧，蚕衣也。"蚕蛾的茧壳，又名蚕衣，茧黄。李时珍称：蚕茧，已出蛾者。蚕衣名与《说文》同，《太平圣惠方》名茧黄。李时珍称其功能可止消渴，除蛔虫，可主治尚未作脓血的痈肿（痈肿无头），因各种慢性消化不良引起的小儿营养障碍症（疳积）、下血、血淋、血崩、消渴、反胃。

《说文·虫部》"蛸"字下："蜱蛸，堂蜋子。"蜱蛸，也作螵蛸，螳螂的卵块。产在桑树上的就叫桑螵蛸，又名桑蛸、螳螂子。李时珍说："其（螳螂）子房名螵蛸者，其状轻飘如绵也，村人每炙焦饲小儿，云止夜尿。"《神农本草经》和李时珍的叫法均与《说文》同。

《说文·虫部》:"蛭,蟣(qí)也。"《尔雅·释虫》:"蛭,蟣。"郭璞注:"今江东呼水中蛭虫入人肉为蟣。"《说文》"蟣"字下:"齐谓蛭曰蟣。"可见许书以山东方言释"蛭"。《尔雅》呼蛭为蟣,亦山东方言。郭璞注谓蟣作动词用时在湖北一带的叫法。水蛭、蟣、蚂蟥。《神农本草经》谓水蛭可逐恶血,瘀血,破血瘕(jiǎ,血凝成块)成聚,利水道。

《说文·虫部》:"螾,侧行者。蚓,螾或从引。""蚑"(qǐn)字下:"蚑,螾也。"《神农本草经》蚯蚓,又名之蚑螾、丘螾、寒蚓、土龙、地龙子、地龙等。《尔雅》亦谓之蚑螾,巴人谓之朐䏰(chǔn rùn),李时珍以此"皆方言之转也",又因方术家谓蚯蚓可以兴云,可知阴晴,故有土龙、龙子之名。《神农本草经》和《本草纲目》名蚯蚓为"蚑螾、丘螾"者,据同《尔雅》和《说文》。李时珍称蚯蚓入药可利小便,通经络。另以为蚯蚓入药可祛风,强筋治痿,解湿热,疗黄疸,等等。

《说文·虫部》:"蠃,蜾蠃也。一曰蜖蝓(yí yú)。"段注说单称"蠃"可指蜖蝓,并说"此当云一曰蜗也"。大多数情况下,"蠃"是蜾蠃,蜂的一种,细腰蜂。蜖蝓,蜗牛。段注在"一曰蜖蝓"下注云:"'一曰蜖蝓'者,一物三名,举其易知者也。"意思是说,蜗牛有三个名称:蜗、蜖蝓、蠃(螺)。许慎的时代,还是"蜖蝓"的叫法最为人熟知。《说文》"蝓"字下:"蝓,蜖蝓也。""蜗"字下:"蜗蠃也。"可知:《说文》中的蜗、蜗蠃、蝓、蜖蝓,都是指蜗牛。据"蝓"字下段注,是指有壳的那种。段注引《本草纲目》有"蛞蝓,一名陵螺",并说"后人又出蜗牛一条"。《说文》无"蛞蝓"。今谓蛞蝓是指无壳的那种,《说文》讲的全是有壳的那种。李时珍说:"许慎《说文》云,蚹蠃背负壳者曰蜗牛,无壳者曰蛞蝓,一言决矣。"无壳者一名附蠃。明代人读到《说文》极为不易,连顾炎武也没能读到"始一终亥"的《说文》。李时珍读《说文》而知《说文》中的种种叫法都是指有壳的蚹蠃,尤为潜心发明和尊重许书之说。《神农本草经》

有蛞蝓，又名陵蠡、土蜗、蛞蜗、鼻涕虫等，喜栖于阴湿处，常舐食植物的茎叶的表皮。有定惊清热，解毒舒筋，清痰核等功能。李时珍谓主治肿毒焮热，热疮肿痛。至于《说文》中说的那种有壳的蜗牛"蜗蝓"，因其生于阴湿，阴雨即出，性禀至阴，味咸小毒，故古方用以治真阴亏损，腠理不密，致风中经络，而见口眼歪斜，筋脉拘挛，及风热脱肛，痔疮肿痛，痈疽发背，疔肿等症。皆以蜗牛之性寒，解诸热毒①。

《说文·鸟部》："鸽，鸠属，从鸟合声。"段注："鸠之可畜于家者，状全与勃姑（鹁鸪）同。"中医书上讲的鸽，指野鸽子，例同《说文》，即所谓原鸽，又名鹁鸽、飞奴。李时珍称鸽性淫而易合，故名。鹁者，其声也。张九龄以鸽传书，目为飞奴。鸽，合声。声表义。今吴语区相处得好叫"鸽鸽好"。《本草纲目》以鸽能预解痘毒，鸽血能解诸药毒、百蛊毒，鸽卵能解疮毒、痘毒，还有滋肾补阴的作用。李时珍有云，民间以鸽肉饲儿，鸽子羽毛煮汤沐浴小儿，可预解痘毒，防出痘。

最后，引历史上对《说文》的訾议和点评②，正印证了一俗谚：是金子迟早会闪光。

　　庚元威云：许慎穿凿，贾氏乃奏《说文》，同时郑氏即驳之，何待少温（唐李阳冰）、渔仲（宋郑樵）、辛泉（元杨桓）、合溪、子才（清袁枚）、敬甫（金张行简）辈乎！《说文》漏略，李巽岩叹之，如直翁（宋元之际黄公绍）、伯厚（宋王应麟）考异所引，多非今本。方密之（方以智）曰：《说文》有唐本、蜀本，二徐（徐铉、徐锴）本中有新附，今但执铉本残书，又未淹贯经籍，何从知其漏与复乎？予决之曰：溯其源当因古籀而推之，

①　参见张丰强主编《临床大本草》，华夏出版社2000年2月第1版，第297页。
②　[清]阮葵生撰《茶余客话》，李保民校点，上海古籍出版社，2012年12月第1版，下册，第385页。

备小篆当遍考诸籍以补之,庆同文当因《正韵》(指《洪武正
韵》)笺而详其源流。通此则无书不可读,而字学之纷然者皆
土苴矣。

如方以智,可谓敬畏古籍而知许书者! 又可知清嘉庆十四年(1809 年)
孙星衍覆勘校刻宋本《说文解字》,同治十二年(1873 年)陈昌治复据孙
本改刻本(今中华书局影印本蓝本),其功何其伟矣!

六　汉语中的数字

（一）数字溯源、"河图""洛书"、九宫格

　　人类什么时候才懂得数？当然难于确指。但大体可说，它是摩尔根《古代社会》中所说的"蒙昧社会、野蛮社会、文明社会"的"高级野蛮社会"和"文明社会"的产物。① 蒙昧时代实行群婚制，生食，心中无数；野蛮时代仍然狩猎为生，有了性别的分工。母权制社会，发现了火，开始熟食。直到"高级野蛮社会"，"始于铁器的制造，终于标音字母的发明和使用文字来写文章。到这个时候，文明也就开始了"。文明社会"始于标音字母的使用和文献记载的出现"，"刻在石头上的象形文字可以视为与标音字母相等的标准"。② 摩尔根以荷马时代的古希腊部落和古罗马凯撒大帝时代的日耳曼人部落为"高级野蛮时代"，大体上是公元前 600 至公元前 500 年的时代，略早于我国的《诗经》时代，时间定得是比较迟的。我国殷商甲骨文时代（前 1600—前 1046 年）当然是摩尔根所说的"文明社会"了，这已经比摩尔根说的时代要早得多。我国约十万年以前的山顶洞人，开始进入新石器时代。新石器时代的后期，已经进入了摩尔根"古代社会"的"高级野蛮时代"，这大体上是中华文明的始祖轩辕黄帝的时代。

　　传说伏羲氏制八卦，那也是在轩辕黄帝时代。"轩辕、神农、赫胥

---

　　① ［美］路易斯·亨利·摩尔根《古代社会》把人类文明分成低级蒙昧社会、中级低蒙昧社会、高级蒙昧社会，低级野蛮社会、中级野蛮社会、高级野蛮社会和文明社会。

　　② ［美］路易斯·亨利·摩尔根《古代社会》，杨东莼、马雍、马巨译，江苏教育出版社 2005 年 4 月第 1 版，第 9 页。

之时,以石为兵",是说新石器时代以石器为兵器作战。赫胥是伏羲的母系集团,黄帝是轩辕集团的杰出代表,伏羲是赫胥集团的杰出代表。口传历史中称太昊、少昊集团与赫胥集团有血缘关系。黄帝、伏羲、神农是华夏三先,在长期的战争交集和文化融合中促成了华夏语和羌戎语族、苗蛮语族、百越语族的形成。① 有理由认为,文字、数字、八卦、华夷语系产生于共同的时代,即新石器时代的后期,距今约 5000 至 3000年以前。

伏羲时代创制的"河图""洛书",就是用一组神秘的数字记录天象观测。数字文化的神秘性一开始就表现在古老的术数学中:

四	九	二
三	五	七
八	一	六

这个数字魔方(又称九宫格)有五奇。

第一奇,将三个数字横加、竖加、对角线加,和都是 15。

第二奇,合于八个基本卦内的互联之数都是 45。②

第三奇,直接用来解释"河图"。朱熹《周易本义》卷首载"河图"③。

---

① 参见何九盈《重建华夷语系的理论和证据》,商务印书馆 2015 年 11 月第 1 版,第 29、31 页。

② 即乾(3×9)+坤(3×6)=45;震(2×6+9)+巽(2×9+6)=45;坎(2×6+9)+离(2×9+6)=45;艮(2×6+9)+兑(2×9+6)=45。这不难懂,9 为阳爻象数,即所谓"老阳"之数,6 为阴爻象数,即所谓"老阴"之数。乾卦、坤卦特设"用九"和"用六"。故有乾卦 3 阳爻乘以"老阳"之数 9,坤卦 3 阴爻乘以"老阴"之数 6。其余六个基本卦,震卦有 2 阴爻 1 阳爻组成,巽卦有 2 阳爻 1 阴爻组成,坎卦有 2 阴爻 1 阳爻组成,离卦有 2 阳爻 1 阴爻组成,艮卦有 2 阴爻和 1 阳爻组成,兑卦有 2 阳爻 1 阴爻组成。故有上述算式。

③ 这"河图"的画法,也可直接参阅黄寿祺、张善文《周易译注》,上海古籍出版社 2004 年 7 月新 1 版,第 625 页载图。"河图"天地之数的排列位置明确,九宫格表只能大略言之。

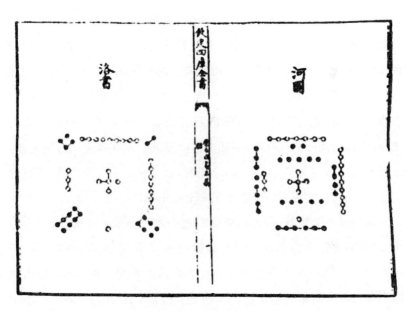

图 14 "河图""洛书"

明天地之数一至十,天数为奇数1、3、5、7、9,地数为偶数2、4、6、8、10。天数总和25,地数总和30,天地之数的总和是55,这就是《易·系辞上》所说的"大衍之数五十",指用来占筮的蓍草数五十足矣。"天地之数五十又五",指代表天地的实际总数。后者是前者的根据。该"河图"明示了"一六居下,二七居上,三八居左,四九居右,五十居中"。"河图"方位又表示五行数:天一以生地六以成合为水,地二以生天七以成合为火,天三以生地八以成合为木,地四以生天九以成合为金,天五以生地十以成合为土。"河图"上的五行又能表示方向:古人将太阳视运动(设想太阳在沿着黄道作由西向东的视运动)的方向,即投射在地球的方向,看作地球上的实际方向。水在太阳视运动方向之北,误以为实际方向在北,地球上实际方向应在南。同理,火在视运动方向之南,误以为实际方向在南,实际方向应在北。木在视运动方向之东,误以为实际方向在东,实际方向应在西,金在视运动方向之西,误以为实际方向在西,实际方向应就在东。土在中央。

如用岁星纪年看,古人把黄道附近一周天分成十二等分,叫十二次:由西向东命名为星纪、玄枵、诹訾……岁星(木星)由西向东运行(右行),这与"河图"上的上南下北左东右西的方向一致。但岁星由西向东运行与人们所熟悉的由东向西的十二辰:子、丑、寅、卯……不一致,于是假想出一个假岁星"太岁"与真岁星作相反方向运行(左行),这就形成了上北下南左西右东的方向标识。

黄道视运动方向,或岁星运行方向,在此九宫格上看,大体可明,当然不及直接在"河图"上看来得明确。这样,今天地球实际方向在纵横坐标系统内是上北下南,左西右东,而古代标明的黄道坐标系统内的地球上的方向,或真岁星运行的方向,是上南下北,左东右西,与今天的方向正好相反,这是需要注意的。现调整后列表如下:

十二次（由左西向右东）	星纪	玄枵（上北）	诹訾	降娄	大梁（左西）	实沈	鹑首	鹑火（下南）	鹑尾	寿星	大火（右东）	析木
岁星（右行同上）	星纪	玄枵	诹訾	降娄	大梁	实沈	鹑首	鹑火	鹑尾	寿星	大火	析木
十二辰（由右东向左西）	丑	子	亥	戌	酉	申	未	午	巳	辰	卯	寅
二十八宿	斗牛女	女虚危	危室壁奎	奎娄胃	胃卯毕	毕觜参井	井鬼柳	柳星张	张翼轸	轸角亢氐	氐房心尾	尾箕斗
太岁（由右东向左西左行）	星纪	玄枵	诹訾	降娄	大梁	实沈	鹑首	鹑火	鹑尾	寿星	大火	析木
夏历月建	十二月	十一月	十月	九月	八月	七月	六月	五月	四月	三月	二月	正月

　　也有人认为，古代上南下北，左东右西，是根据居中央的天子的位置来定的，汉代上南下北，表示北尊北亲，南卑南疏。一个重要证据，就是马王堆三号汉墓出土的地图，南海在上方南方，大陆在下方北方，尊卑自见；宋明以上北下南为方向，因辽、金、元在北的关系，尊南亲南，卑北疏北。[1] 东南西北的方向是由帝王意志决定的，真可谓完全陷入了实际存在是由"我在"决定的"主体性霸权与主体中心困境"[2]。

　　第四奇，直接用来解释"洛书"。朱熹《周易本义》卷首又载"洛书"[3]。"洛书"将一至九数排列成"戴九履一（即上九下一），左三右七，二四为肩，六八为足，五居中央"，成一"龟形"方位图，《本义》说"洛书"

---

　　① 关于方向由帝王意志决定的说法，见彭德《中华五色》，江苏美术出版社 2008 年 8 月第 1 版，第 117 页。

　　② 参见陶悦《从"齐物"与"物物"的矛盾化解看庄子哲学的主体性思想》，载《哲学研究》2015 年第 12 期，第 27 页。

　　③ 这"洛书"的画法，也可直接参阅黄寿祺、张善文《周易译注》，上海古籍出版社 2004 年 7 月新 1 版，第 626 页载图。"洛书"天地之数的排列位置更明确，与"河图"相比，九官格数字的位置与"洛书"上数字的位置更接近，几无间隙。

"盖取龟象"。西汉扬雄《太玄经》曾以"五行数"说"河图"方位。如上文所说,"河图"五行也可以在九宫格上做出说明的,但稍有不足,如"河图"地数十,九宫格无法列出。《大戴礼记·明堂》则直接以"九宫数"与"洛书"挂钩,"洛书"龟形图数字方位与九宫格上契合,完全没有"河图"与九宫格之间的间隙。

第五奇,是上古颜色文化的渊源。九宫格反映"洛书"的"戴九履一"等数位,一为白,九为紫;左三右七,三为绿,七为赤;二四为肩,二为黑,四为碧;六八为足,足为白。故阴阳家一六八为白,二黑,三绿,四碧,五黄,七赤,九紫。[①] 如联系"河图""洛书"内部的五行和方向,则有:北方之水为白色,南方之火为黑色、紫色,东方之木为绿色,西方之金为赤色,中央之土为黄色。亦可简之为:北方白色,南方黑色,东方绿色,西方赤色,中央黄色。上古七色与五行、方向之对应如此。但如上文所说,古代上下左右、南北东西的对应视帝王意志而定,古代五方正色取汉代的取向:下北黑,上南赤,左东青,右西白,中央黄。[②]

在五行、生成数、颜色的具体对应上,南宋夏元鼎《阴符经解义》卷四《五行生成图说》做了归纳[③],但避开了方向:

五行	水	火	木	金	土
生数	一	二	三	四	五
成数	六	七	八	九	十
五色	黑	赤	青	白	黄

---

① 参见[清]阮葵生《茶余客话》,上海古籍出版社2012年12月第1版,下册,第296页。

② 参见彭德《中华五色》,江苏美术出版社2008年8月第1版,第117页。

③ 参见彭德《中华五色》,江苏美术出版社2008年8月第1版,第79页。

《时宪书》称:"白黑绿紫碧黄赤,此'河图'数也。"①径直以七种颜色为"河图"之数,可谓上古视颜色文化与数字文化为同一。

回过头来看,上面讲的九宫格第三奇、第四奇,其实并不奇,原因就在于九宫格不过是"河图""洛书"的另一种数字化格式,实质与"河图""洛书"并无二致。

如此看来,伏羲时代的"河图""洛书"及其简化格式九宫格,隐藏着那么多的神奇秘密,引起人们的数字崇拜是很自然的事了,后代人有望再做更神秘的解释,也是不可避免的了,宋代邵雍的"先天图"说就是这样的代表作。

(二)数目字的产生

《淮南子·本经》:"昔者仓颉作书,而天雨(yù,动词)粟(泛指粮食),鬼夜哭。"仓颉是黄帝的史官。黄帝,中华民族的祖先。数字的产生显然跟生产劳动的实际需要有关,打了野兽要计数:今天打了几只野兽?《说文》古文的"弌、弍、弎",正是打了一只、二只、三只野兽的表征,野兽在枪杆子上挂着呢! 数字毕竟是特殊的文字,还需作具体的说明。郭沫若说:"数生于手,古文一二三四字作一二三三,此手指之象形也。手指何以横书? 曰:请以手作数,于无心之间,必先出右掌,倒其拇指为一,次指为二,中指为三,无名指为四,一拳为五,六则伸其拇指,轮次至小指,即以一掌为十。一二三四均倒指,故横书也。"②唐兰也曾说到数目字的产生:"数目字的产生,很难明了。我以为由手势衍成,一、二、三、三,是代表一指到四指;五字本作×,六字本作∧,七

---

① 参见[清]阮葵生《茶余客话》,上海古籍出版社2012年12月第1版,下册,第296页。
② 转引见于省吾《甲骨文字释林》,商务印书馆2010年12月第1版,第95、96页。

字本作一，八字本作 ╱ ╲，代表两指交错成的姿势。五七是一组，两指相交，一侧一正；六八是一组，六，指头相接，八，分开。九字作 乀 形，像手臂形；十字作丨，竖一指形，廿、卅、卌作 ╰ ╰ ╰，象竖二指至四指形。"①先民造数目字时紧紧围绕双手的观测、想象、动作、构形选择，都被描摹揭示出来，得到大体合理的解释。

关于基本数字系统，于省吾有一合理的解释："我国古文字，当自纪数字开始，纪数字乃古文字中之原始字。纪数字由一至九分为二系而五居其中，由一至四，均为积画，此一系也。由五至九，变积画为错画，此又一系也。数至十则反于一，故不列十也。"②

最早的数目是很少的，按照郭沫若的说法，原始先民只能数到"三"，"三"以后就数不清了，数不清就是"多"，故古人以"三"为多。这一文化化石，可见后代文献。《论语·学而》："曾子曰：吾日三省吾身：为人谋而不忠乎？与朋友交而不信乎？传不习乎？"曾子说他每天三次反省自己，或者说在三个问题上反省自己。有人说，这个"三"不是"三次"或"三个"的意思，而是"多"，多次、多个，"三"应读去声 sàn。为此，程树德先生提出每日要在十二件事情上反省自己："若在吾人，资本中下，尤非曾子可比，千破万绽，其所以当省者，岂止于此？故必每日不论有事无事，自省此中能空净不染乎？安闲恬定乎？脱洒无滞乎？视听言动能复礼乎？喜怒哀乐能中节乎？纲常伦理能不亏乎？辞受取予能当可乎？富贵贫贱能一视乎？得失毁誉能不动乎？造次颠沛能一致乎？生死利害能不惧乎？习气俗念能消除乎？自察自审，务要无人而不自得，才是学问实际，否则便是自欺。"③这十二项围绕一

---

① 唐兰《古文字学导论》（增订本），齐鲁书社 1981 年第 1 版，第 408、409 页。
② 于省吾《甲骨文字释林》，商务印书馆 2010 年 12 月第 1 版，第 100 页。
③ 参见程树德《论语集释》，程俊英、蒋见元点校，中华书局 2013 年 3 月第 1 版，上册，第 25 页。

个中心：怎样做人。

不仅"三"是多，"三"的倍数九、十二都是"多"的意思。清代扬州学派名家汪中《述学·释三九》云："凡一二之数不能尽者，则约在以三，以见其多。""九"是多，《离骚》："虽九死其犹未悔。""十二"是"多"，《木兰诗》："同行十二年，不知木兰是女郎。"同行多年。宋高宗下十二道金牌，命岳飞班师回朝，不要抵抗金兵入侵。聪明的史学家不作考证，一道、二道、三道……，非确指，多次下诏也。但要注意的是，当"三"与其他数字对文时，"三"表示多和约数的意思大大地弱化了。如《聊斋志异》为博山戏台制联："一曲歌来，文武衣冠皆入梦；三通鼓罢，荣华富贵尽成空。"《老残游记》第二回："一盏寒泉荐秋菊，三更画船穿藕花。"但"三千"本身已表示多，故"三千"与其他数字对文时不在此列。如元好问《寄杨飞卿》："西风白发三千丈，故国青山一万重。""三千"和"一万"都表示多。

很显然，光靠第一个计数器——双手，甚至双脚来计数、造数字是远远不够的。随着生产范围的扩大、计数需求的扩大、认知范围的扩大，计数法、造数字的办法越来越多。据考，先民们曾用结绳、玉贝、竹器等来计数。结绳记事的传说很古老，也很近观。一个"古"字：《说文》"古，故也。从十口，识前言者也"。这个"古"字其实就是"诂"字，解释从前的旧事。怎么解释？口中按结绳记事的记载来解释，"从十口"，"十"字就是结绳记事在绳子上打结子。《说文》"十"字下："数之具也，一为东西，｜为南北，则四方中央备矣。""十"字的产生已表明完全脱离了计数器双手，进入东西南北的大空间了。

甲骨文已有"数"这个字①，就是"结绳记数"的形象。字的左边是一木杆上有着上下露出绳头的绳结子，右边象手持小器物，左右合起

---

① 见中国科学院考古研究所《甲骨文编》附录 3671 条，中华书局 1965 年版。

来像手持器做结绳记数的动作。据此,甲骨文之"数"字应读去声字,不读上声字。《说文》:"数,计也。"段注:"六艺:六曰九数。今《九章算术》是也。"清桂馥《说文义证》卷八"数"字下:"计也者,本书筹计历数者,算数也。《一切经音义·三》:'数,计也。阅其数曰数也。'"桂馥的意思是"数"本来是计算、计历数的"算数"(去声字)。段玉裁、桂馥都把《说文》"数"字解释成去声字的"数",当从。桂馥又引《一切经音义》将《说文》"数,计也"解释成"阅其数曰数",后一个"数"字成了读上声字的"数"。按一般的常理,《说文》是讲本字本义的,"数"的本字本义应如同甲骨文那样的去声字"数",限定在数目字本体上,段、桂的解释皆从此。但《说文》也重视基本义,有时视基本义为最重要的意义之一,故列计数,计量义的"数"(上声字)的功能义为最重要的基本义是完全可能的。《周礼·地官·廪人》:"以岁之上下数邦用,以知足否,以诏谷用,以治年之凶丰。"郑玄注:"数,犹计也。"以年成的好坏计量分配给各邦国。由以上可见,数字计算涉及历法的使用,涉及治理天下、粮食分配等重大问题,数字计算功能的重要远远超过数目字本身。《说文》"祢"字下引《逸周书》称"士分民之祢,均分以祢之也。"更突出了古代在财富有限的情形下,数字计算事关公平分配、国泰民安。

先民记数法,有结绳记数的,也有用玉贝记数的。玉贝的使用可追溯到旧石器时代的晚期——新石器时代的早期,周口店山顶洞人已懂得用玉贝作装饰品,后来发展为计数工具,这可能是原始交换的需要。甲骨文"玉"字的写法,两串贝并在一起的"朋"字的写法,含有明显的记数符号在内。

先民们还用竹筹子计数,史称筹算计数法。算、箅、筹、筮、籍(簿书,账簿)字可知。竹筹是个统称,要是没有竹制的,用草秆、茎秆代替也一样。

筹算法携带方便,数目不受限制,故许多大数目的记数都是在筹算出现后产生的,近人钱宝琮《记数法源流考》称:"《夏侯阳》乘除法亦曰:'一纵十横,百立千僵,千十相望,万百相当。满六以上,五在上方,六不积算,五不单张。'皆详筹之记数法也。"①许多复杂的计算方法,也是在筹算的基础上产生的。钱说:"古数学家,更制筹作赤黑二色,以分别数之正负。考《九章算术》加、减、乘、除、开方、比例、盈不足、方程算法,均用筹为之。其布算之途径,尚可得而详焉。"②

筹算,布筹成式,有纵式和横式两种。

纵式都用纵方向的符号表示,用于记个位、百位、万位。如 1 至 9 的筹式的纵式:

｜　‖　‖｜　‖‖　‖‖｜　丅　丅丅　丅‖　丅‖｜

横式都用横方向的符号表示,用于记十位、千位。如 1 至 9 的筹式的横式:

一　二　三　亖　亖　⊥　⊥　⊥　⊥

据此,如 6728,则记作⊥丅丅二丅‖。因筹式无○之用,故 6040 记作⊥　三 则可,百位数和个位数的○以空格示之,或以传统的做法,用□表示空格,记作⊥□三□。筹算可记大数目,如 12345678,记作｜‖‖｜‖‖三丅⊥丅丅的筹式。

由以上可知筹算中的一些文化特色。其一,筹算和结绳记事、甲骨文记数一样,都是古代数学史上的一个发展阶段。其二,筹算的数位很明确,且用不同的记数符号对应数位,可以记录大数目,这恐怕就是后来阿拉伯数字传入后很快被接受的原因。其三,零数位已呼之欲

---

① 见《李俨钱宝琮科学史全集》第一卷,辽宁教育出版社 1998 年 12 月第 1 版,第 2、3 页。

② 见《李俨钱宝琮科学史全集》第一卷,辽宁教育出版社 1998 年 12 月第 1 版,第 2 页。

出，只是还无恰当的文字表达。

零、○、阿拉伯数字 0 很重要。"零"字金文中已有。《说文》"零"下据段注，只是"徐徐而下"之雨，与数字无关。《诗经》里《鄘风·定之方中》"灵雨既零"、《豳风·东山》"零雨既濛"中的"零"都是此义。至宋代秦九韶《数书九章》（1247 年）、李冶《测圆海镜》（1248 年）已将"○"植入数位，作数位字用，而"零"没有，而只是表数目的零头，"挂零"的意思。明代程大位《算法统宗》（1593 年）有"一千零零一"表示"1001"，相当于"一○○一"，可见"零"已作数位字用了。约在 13、14世纪，阿拉伯数字传入我国。从此"0"可作任何数位上的数字用，才彻底解决了问题。

数目字的产生和定型要比其他字早。于省吾认为，古文字是从数字开始的，数字最原始。从古文字史讲是这样，从逻辑上看，计数与生活的关系比文字与生活的关系更密切，前述仿手指形造数目字即是。又《水浒传》第九十三回讲了个赏雪的故事：

当下地文星萧让对众头领说："这雪有数般名色，一片的叫蜂儿，二片的是鹅毛，三片的是攒三，四片的是聚四，五片唤做梅花，六片唤做六出。这雪本是阴气凝结，所以六出，应着阴数。到立春以后，都是梅花杂片，更无六出了。今日虽是立春，尚在冬春之交，那雪片却是或五或六。"乐和听了这几句议论，便走向檐前，把皂衣袖儿承受那落下来的雪片看时，真个雪花六出，内一出尚未全去，还有些圭角，内中也有五出的了。乐和连声叫道："果然，果然！"众人都拥上来看，却被李逵鼻中冲一阵热气，把那雪花儿冲灭了。众人都大笑，却惊动了宋先锋，走出来问道："众兄弟笑甚么？"众人说："正看着雪花，被黑旋风鼻气冲灭了。"宋江也笑道："我已分付置酒宜春圃，与众兄弟赏玩则个。"

　　众人赏雪，欢乐有趣，却离不开数字凑趣，雪片数不同，名称也不同，甚至直接用数字命名雪花：六片的叫"六出"，要说其得名，又连着数的阴阳，雪为阴气凝成，"六"为阴数，故名。如此等等，梁山的一场赏雪活动成了离不开数字的游戏。因数字与日常生活的关系更密切，数字比其他字产生得早，就不难理解了。从考古材料看，甲骨文、金文中的数字的写法，与距今六千年以前的西安半坡仰韶文化遗址刻画符号中数字的刻画法基本一致。如果认为半坡刻画符号已经是文字，说明甲金文字中的数字在西安半坡刻画符号的新石器时代早期就已经有了，文字的产生被大大提前了，至少被提前了三千年，虽然其他的字的产生要晚得多。如果说半坡刻画还只是抽象的符号，还不是文字，那也非常可贵，说明距今六千年以前先民已经有了若干数的概念和思维活动，并已用符号表示出来。这无疑也是我们祖先原始思维中最闪光的部分。值得一提的是，不仅是半坡，稍后于半坡仰韶文化的其他文化遗址，也都有类似的刻画。如上海马桥文化遗址第五层、浙江良渚、台湾风鼻头、山东城子崖等地的刻符。青海乐都柳湾、甘肃半山马厂所出的彩色刻画数符。此外，再晚一些时候的商代文化遗址，如河南郑州二里冈、郑州南关外、偃师二里头、江西清江吴城、上海马桥第四层等，也都有与仰韶文化刻符相似的陶文数符。以上至少说明，在甲骨文、金文中数目字产生前的很长历史时期内，数符刻画屡屡可见，数字、数量概念及其语言表达均获得了发展。甲骨文、金文中数目字的产生是水到渠成的事。

　　此外，从半坡到马桥文化遗址第四层，都能见到数符刻画，这本身就是先民数字崇拜的反映。数字文字也好，数符刻画也好，说不准先民屡屡刻写数字符号，就是直接用来崇拜的，或至少是用来表达崇拜

图 15　仰韶文化时期半坡遗址(上)、姜寨遗址(下)刻画

心理的。

（三）数字崇拜

先民的崇拜，有图腾崇拜、女性崇拜、诸神崇拜、文字崇拜等，文字崇拜中当然包括最早的文字——数字的崇拜。摩尔根在说到易洛魁人的胞族时，将数字崇拜与宗教活动的仪式联系在一起。当部落中重要人物死后，胞族内身份特别高的人主持丧礼。遗体安放入墓穴后，首领和酋长们环墓穴站成一圈以便填土，从年长者开始，"每人填土三铲，这是他们宗教规定的铲数：第一铲与大神有关，第二铲与太阳神有关，第三铲与地母神有关"①。法国人类学家列维-布雷尔指出，原始先民的神秘思维的原逻辑是互渗律②，而先民的数、计算的思维基础离不开互渗律。布雷尔恰恰就是"从原始思维与计数的关系看原逻辑思维"的，并举出先民把某个数字"提出去作神秘的应用"的做法③。

汉字中数的神秘性，从计数的"算"字写法就可知一二。"筭"字，从字形上看不出什么神秘。《说文·竹部》："筭，长六寸，计歷（曆）数者，从竹从弄。言常弄乃不误也。"但"弄"字按《说文》的说法是"从廾持玉"，两手奉玉摩挲玩赏。甲骨文已有"筭"字，但未见"算"字，可见计数之"筭"与玉器时代是同步的。红山文化玉器是新石器时代的早期，宜乎上文说及的半坡刻画有数，下文说及的"九皇"是"人皇"太阳神的九个儿子。

"祘"字，从二"示"，与古代祭祀极相关。或谓经计数推算求知天

---

①　摩尔根《古代社会》（新译本），杨东莼、马雍、马巨译，中央翻译出版社2007年7月第1版，第68页。

②　参见［法］列维-布雷尔《原始思维》，商务印书馆1981年1月第1版，第62至98页。互渗律，简言之就是把本来毫不相干的事物都神秘地联系在一起。

③　参见［法］列维-布雷尔《原始思维》，商务印书馆1981年1月第1版，第175、209页。

图 16 "史懋壶"铭文

帝神明的启示。

《说文·竹部》"筮"下从"竹"从古文"巫"（从巫从廾）的字，可写作"算"，为"筮"的古文。西周中期"史懋壶"上有"史懋路（露）算（筮）"，大意是说史官懋公布占筮的结果。金文此字初未辨，有人以为"筭"字，唐兰以为非，隶定此字作"算"字，用蓍草占筮①。此字虽非"筭"字、"算"字，而是"筮"字，从形体上看，是手奉若干蓍草卜筮以问吉凶，与手奉玉器执圭祭祀之"筭"有异曲同工之妙。且祭祀之"筭"为计算字，占筮之"算"就无计算吗？一根又一根蓍草也是筹，占筮俗称"算命打卦"，"算"的行为少不了要有计算。上古先民的记数、算术与卜筮、祭祀是紧密关联的日常事。

甲骨、筹算的数字已如前述，但若要刨根究底，还真不知道为什么会有这些数字。数字从何而来，甚至今天要解释这些"所以然"也是很困难的事。例如，一个"九"字，写作九，从写法上看，就很神秘，谁也不知道为什么要有这个"九"字，它似乎来自神仙世界。见之文献的，最早的有"九皇"之说。有云："三皇，一说天皇、地皇、人皇。""人皇九头，乘云车，驾六羽，出谷口，兄弟九人，分长九州，各立城邑，凡一百五十世。"②疑"人皇"为太阳神，羲和为之驾车，"谷口"疑阳谷，太阳神有九个头，够神秘的了。兄弟九人分任九州长，是为"九皇"，据说"人皇""九皇"统治时期在孔子前约三百万年，够古老的了。一个"九"字，字形似天仙，史载如天神。总之，数字愈创设，就愈发觉得数字系统的神秘。

数字的神秘性是与天地初始说联系在一起的。宋代邵雍（1014—1077 年）"先天图"说最为典型。"先天图"说怎么来的？可以说，"河

---

① 唐兰《古文字学导论》，齐鲁书社 1981 年 1 月第 1 版，第 167 页。
② 参见[日本]泷川龟太郎《史记会注考证》，台北文史出版社，1993 年，第 8 页。

图""洛书"、九宫格、"先天图",就这么一路走来。朱熹说:"先天图"其实就是"伏羲本图",是将本图改成了"伏羲六十四方位图"。改变的方法是邵雍改用了"逆爻序卦之生变"法,使天地万物的生成变化都按照邵氏先天象数的图式展开,但最大的改变还不在先天象数图式法本身是"顺序"还是"逆序"的改变,而在于将先天象数归之于心,数生于心,心中之数生万物。邵说:"先天之学心也。"邵氏先天学就是心法学。这其实是有违"河图""洛书"本义的。如上文所说,"河图"列天地之数一至九,总数五十五,内含五行、方向,伏羲时代的五行"水火木金土"都是具体而实在的外物。"洛书"列天地之数成龟形图,形成数字格局,可借以说明的问题与"河图"是同一的,即同样可以说明五行等问题。朱熹《周易本义》说:"'洛书'之实,其一为五行,其二为五事,其三为八政,其四为五纪,其五为皇极,其六为三德,其七为稽疑,其八为庶政,其九为福极:其位与数尤晓然矣。"即"洛书"有数字系统。

与《周易》本义、"洛书"之实完全一致的是《尚书·洪范》"九畴":"初一曰五行,次二曰敬用五事,次三曰农用八政,次四协用五纪,次五曰建用皇极,次六曰乂用三德,次七曰明用稽疑,次八曰念用庶征,次九曰向用五福,威用六极。"传说这是天帝赐给大禹的,教给他治国大法九则。

"河图""洛书"之本义是数字解释系统,是数字与可予解释的五行、方向、九畴等被解释对象之间的关系,是解释系统与被解释系统间的关系,或更进一步说,是数字化价值系统与实体对象本体间的关系,是价值论与本体论之间的关系。邵雍"先天学"将"象数归之为心",就将"河图""洛书"原本的数字解释系统与被解释对象系统的"价值与实体"函数关系变成了"数字生成系统与生成对象"间的同一关系,抹杀了数字化解释系统、价值系统的本性,统统变成了对象系统、本体系统。总之,世界的本体构成不是数,但可以对本体世界作数字化的阐述。而邵氏"先天论"的错误症结就在于将"不是"改成了"是"。

按邵雍的说法，以一万八千岁为天的开始，又以一万八千岁为地的开始，又以一万八千岁为人的开始，故于"寅上注物始开"。寅，《说文》："正月阳气动，去黄泉欲上出，阴尚强也。""寅上注物"实指犹如人的交合那样，天地交合而生万物。这样，邵说，必先有天，后有地，有天地交合必生出万物来。这幅神秘的先天宇宙图景可由数字演绎构成，神秘的数字系统与神秘的天地人生成系统保持一致。对此，连朱熹的学生也不相信，就问朱熹："不知物尽时，天地坏也不坏?"朱熹怎么回答？如上文所说，朱熹是维护"先天图"的，以"先天图"为"伏羲本图"。但十分重要的是，朱熹始终从维护"河图""洛书"的本义出发，解释"河图"内部数字系统如何如何，解释"洛书"数字系统"龟形图"问题，可见朱熹即使维护邵雍"先天图"，也是指向"河图""洛书"的本然解释的，而不是指向"先天图"的。这是个根本性区别。不过，当学生问起朱熹，天地开始时生出万物，那万物完结时天地还会不会像开始前那样坏死、寂灭，朱熹一方面觉得很难回答学生的提问，一方面在那针对"先天图"提问的语境下，还是维护了邵雍"先天图"中的"天地开始"说，便说："也须有一场鹘(hú，迅速)突，天地有形有气，如何不坏？但一个坏，便有一个生出来。"意思是说，会有一场新的突发性、灾难性变化，大变之后有新的事物产生。蔡元定则完全维护"先天图"的宇宙终始说，并更加具体，也更加荒唐地阐释了邵雍的说法："戌会(发生在戌时天地间交合)之中，两间人物俱无，又五千四百年而戌会终，地之重滞者悉皆融散，于天混合为一，又五千四百年而亥会终，昏暗极矣，是天地之一终也。……子会之始……又五千四百年为寅会之中，人物发生，是人又生于寅也。"清人多力辟宋儒，评之为"亦如刻板文字，不亦愚乎"。可见以邵雍"先天图"为代表的，用数字化系统来说明的"天地终始"说是愚蠢之见。

先民把数字看得很神秘，数字神秘自然会走向数字崇拜。最有力的证据，就是数字大量出现在古人用于占卜的《周易》中。阴阳二爻、两仪、四象、八卦、六十四卦、三百八十四爻、上下二经、十翼、六十四卦时、六级爻位、三才、上卦下卦二体、九六七八之于筮法，等等，甚至可以说，整个《周易》就是一部数字化的书。

数字的神秘性与占星术是联系在一起的，清人有"象纬可识河患"说。

> 或谓知象纬（象数谶纬，阴阳之学），则可以预识河（黄河）之为患。曰坎（坎卦）为水为月（《易》家以坎象为水，纬书以坎象为水为月），月中兔若龙形负之，则洪水滔天。天江四星在尾宿北，其星明大则天下水灾；明而动则水暴出，江河溢；芒角则水没城郭。月与荧惑、太白及客星、流星、彗星、孛星有一犯之，皆主大水，关津绝。又天津九星在女虚二宿之北，九星明正直吉。石氏（石申）曰："天津覆，洪水滔天；天津亡，江河为患。"又曰："一星不见津梁绝，三星不见江河决，百川溢。"更识天船九次东井四渎水位，则天时地利人事之纪，思过半矣。[①]

神秘的数字极易发展为迷信行为，民间的忌讳即此例。旧时民间做事，多忌讳初五、十四、二十三这三天。一说此三日即"河图"中宫的

---

① ［清］阮葵生《茶余客话》，上海古籍出版社 2012 年 12 月第 1 版，下册，第542 页。

五个数字①，为君王之象，故普通人避之。又说：世俗以正月、五月、九月到官不视事②。这三个月，释家谓之长三月，行素食。唐高祖武德中，下诏此三月禁止屠宰，因此地方行政高官到职避开此三月，为须大 犒将校。清代已无此类忌讳。宋以后曾盛行此类谬说，当然与宋代邵雍"先天说"主张不无关系。哲学从来就是时代的声音，即使负面之声响亦莫不如此。

数字神秘，甚至猜数也成了占卜问疑的扶乩（jī）之戏。某女巫极灵验，丈夫数白黑棋子握手中，问之，数字悉合；如漫取不数，则不合，说事者以为正合邵雍"思虑未起，鬼神莫知"。又有扶乩之戏，某女年二十四，供品中有西瓜子，问卜者数字，卜者答曰"三八之数"（24）；又撮聚重问，答曰"仍前数"，数之三十八颗；再三撮聚重问，答曰"仍前数"，数之十一颗。说者曰："漫取不数而亦能奇中，岂邵子之说不尽然耶？"猜数问卜③，如此寻常猜枚游戏，亦归求邵氏，可见邵雍之说影响甚大也！

宋人多迷信，宋代的理学家也常被清代早期的启蒙学者如戴震评之为"陷溺释氏、老氏"。但朱熹辟佛斥鬼，而苏东坡知佛理而不溺佛。有人主张把"辟佛几篇名文，宜汇至一处"。它们是：范蔚宗（《后汉书》作者范晔）《西域传赞》，唐代傅奕表，韩愈《原道》《谏迎佛骨表》《与孟简书》，宋景文（宋祁）《李蔚（wèi）传赞》，朱熹《释氏论》。并说，将此七篇"合而观之，释氏无所逃罪矣"！朱熹斥鬼，史载"朱子一日论鬼怪

---

① 对照黄寿祺、张善文《周易译注》，上海古籍出版社 2004 年 7 月新 1 版，第 625 页载图"河图"，此三个数字处中宫（除上下左右 7、6、8、9 外，均为中宫之数）立显。它们是 5、10、4、20、3，故成 5、14、23 之数。这种解释本来就很牵强，不过是为迷信说法张目的。

② "河图"中亦可直接观察到有 1、5、9 为中宫之数，亦视作国君之象。

③ 文中举出的猜数问卜例，见[清]阮葵生《茶余客话》，上海古籍出版社 2012 年 12 月第 1 版，下册，第 539 页。

事,深诋佛法之非",有人报告说,确实有鬼,朱熹问:"你见过吗?"答曰:"曾见有鬼为祟,闻寺钟一扣,则鬼一伏。"朱熹说:"大抵此鬼亦即公辈人所为耳。"苏轼则继承韩愈辟佛传统,著有《议学校贡举书》,极斥士大夫主佛老之非;又有《胜相院记》文,说尽禅学自欺欺人之弊。苏轼学问上深斥释教之非,而文章写法上"又深得《华严》之妙"。这当然是"宰相才"的千秋"淋漓大笔"。①

(四)术数、方向、颜色与清代八旗

上文已谈到"河图""洛书"、九宫格中的术数与五行、方向、颜色的关系,此亦可谓上古数字文化中的一个不大不小的专题。而据五行,正方向,定颜色而制旗,又是古人的军事实践问题。

清代八旗是上古术数的运用。建旗辨色,立制统军,当然得有一定的文化依据。清代八旗与上古术数的关系可见下表:

方位	方向	五行	季节	五色	九数	间色	八卦	两旗	正旗	镶旗
左	东	木	春	青	3+8	绿	震	两白,金胜木	正白	镶黄
上	南	火	夏	赤	2+7	红	离	两蓝,水胜火	正蓝	镶白
中	央	土		黄	5+10	流黄		虚木,绿,汉兵		
右	西	金	秋	白	4+9	碧	兑	两红,火胜金	正红	镶蓝
下	北	水	冬	黑	1+6	紫	坎	两黄,土胜水	正黄	镶红

清代八旗由四正旗、四镶旗组成。后金努尔哈赤天命十年(1625年)设四旗,为四纯正之色:正黄、正红、正白、正蓝。后又设镶旗四种:镶黄、镶红、镶白、镶蓝。八旗以正黄、正白、镶黄为上三旗,其余五旗

---

① 有关辟佛名文、朱熹辟佛斥鬼,苏轼斥佛老事,见[清]阮葵生《茶余客话》,上海古籍出版社 2012 年 12 月第 1 版,下册,第 333、336 页。

统以宗室王公。以方位下、方向北设正黄,如汉代尊北亲北那样,清人原居北方,故以北为尊。以土胜水之正黄、"木德先王"之正白、镶黄为上三旗。以木德之间色绿色作为虚木居中,统领汉兵,当亦有尊重之意,拟比满汉一家、四海统一之意。八旗没有黑色旗,因黑色夜行不便,水胜火改用了蓝色。青色难找,近蓝色,只好用绿色了,不会在极严肃的旗帜上设法用绿色来侮辱汉人。

选择什么样的颜色做旗帜,以旌表世事,指挥三军,这本来就是古代极重要的文化问题。据《史记·天官书》"东北曲十二星曰旗",张守节《正义》:"河鼓两星,左旗九星,右旗九星,皆天之旗鼓,以为旌表。"又据"三曰九游",《正义》谓"九斿(liú 旒)九旗在玉井南,则天子兵旗也"。又《周礼·春官·司常》:"司常掌九旗之物名,各有属以待国事。"古代制旗讲究天文、历法之故,借以统领三军,号召民众,治理国政,故"于旗有取","八旗"不是随便制作的。今天,中华人民共和国的国旗是五星红旗,金色的五颗星,红色的旗帜,也是"于旗有取"的文化选择,但完全是在另一种崭新文化意义上的选择了。

颜色本身并没有多少生气,但古代有五色诗、五色赋粉饰其形容。如唐代雍裕之有四色诗,咏白色:"壶中冰始结,盘上初露圆。何意瑶池雪,欲夺鹤毛鲜。"但雍氏独不咏黄色,清人戏为补之,其一称:"中央推正色,雍子独无诗。菊栽陶令宅,鹅满右军池。万亩禾仓熟,千山叶欲离。色丝称丽句,弥望尽茅茨。"[①]可谓写尽了秋天的金黄色。

(五)数字"八""四""六""七"和俗文化

现代人的数字观念,除了哥德巴哈猜想似的"1+1=3"那种"高深

---

① [清]褚人获《坚瓠集》,李梦生校点,上海古籍出版社 2012 年 12 月第 1 版,上册第 61 页。

的神奇",还有"数学是科学的皇后",近乎女性崇拜的真诚赞美,还有一些独特而奇妙的心理解释和信仰,最让人忍俊不禁的要算"八"和"四"。

"八"因与"发"谐音而赢得了普遍青睐。可是,在古代,"八"不是个吉利的字眼。它是"半"字的声旁,形旁是牛,"半"的本意就是将牛那样的庞然大物分解成两半。"分"字,从八从刀,用刀切分。"八"本身就有分开、分离的意思。《说文》:"八,别也。"这"八"字是与古代的"和合文化"不相宜的,故"八"字并不吉祥。民间有"七不出,八不归"之说,甚至还有以农历闰八月为最不吉祥之年的说法。宁肯闰七月,也不要闰八月。可见"八"是个凶数。有人考证,"八"的走红是从改革开放初期的广东阔佬那里开始的。① 广东话"八""发"是近音字,"八"读 pat˧,"发"读 fat˧②。于是,数字 8 成了发财的一大秘密和法宝,广东人把它带到大江南北,各地"八、发"韵母多同,谐音,发财心理加语音优势,全国上下都喜用这个"8"字了。大小公司开业都选定在逢 8 的"黄道吉日"8 日、18 日、28 日,时间选在早晨 8 时零 8 分,太早,不便于嘉宾,就改在 8 时 88 分(9 时 28 分),真是思虑尽致。有人说,1988年 8 月 8 日是百年一遇的好日子,世界各地的华人都大庆这个好日子。连粤语"二三"谐"易生","二八"谐"易发"。"二三二八"谐"易生易发","三三八八"谐"生生发发","一六三""一六八""一六二八"也谐成"一路生""一路发""一路易发"③。连 2008 年奥运会开幕式也是 8月 8 日晚上 8 点开始的。这样安排的用意也是图个吉祥喜庆。至于电话号码、手机号码、私家车牌照号码、信用卡号码,等等,总之,一切

---

① 参见杨德峰《汉语与文化交际》(修订本),商务印书馆 2012 年 2 月第 1 版,第128 页。

② 参见李荣主编《广州方言词典》,江苏教育出版社 1998 年 12 月第 1 版,第436 页。

③ 参见张德鑫《数里乾坤》,北京大学出版社 1999 年 7 月第 1 版,第 32 页。

凡用得上数字的地方,无不争先恐后地高价购买带"8"字号的,光一个"8"字也让商家赚了很多钱。这种利用数字谐音滋生的数字心理俗文化,可以增加生活中的一些乐趣,为精神生活加些新调料,其意义,也唯其仅此。

再说"四",甲骨文中就有"四"字,写作四条横线三。《说文》古文的"四"写作四横均长的"亖",段玉裁注:"此算法之二二如四也,二字两画均长,则四字亦四画均长。"可见"四"字与古代的筹算有关,四根等长横线正表四根算筹。

"四"是有神圣意义的,相传春秋时期齐国的管仲所撰《管子》已提出合天地上下四方为"宇合",到了战国尸佼著《尸子》就明确提出了"上下四方谓之宇,古今往来谓之宙",即大空间和大时间的概念。女娲补天"断鳌足以立四极"里的"四极",是用来撑住浩瀚之天的四根大柱子。"五行"中以"金木水火"表"东西南北"四个方向。《易·系辞》"两仪生四象,四象生八卦"里的"四象"指四季,亦即古书中常见的"四时""四序",如此等等,都说明"四"是天地之数,古称"天三地四","三"和"四"都是吉祥之至的天地之数。

中国最早的古书《尚书》中的《舜典》说:"明四目,达四聪。"意即目明耳聪,广达四方。汉代宫殿名有"四宝宫",东汉有"四世三公"之说,说袁绍的先祖袁安四代皆做大官。东晋谢灵运以"天下良辰、美景、赏心、乐事"为"四美",王勃《滕王阁序》有"四美具,二难并"之说。

《孟子·公孙丑上》有"四端",皆言高贵,分别以恻隐、羞恶、辞让、是非之心为仁之端、义之端、礼之端、智之端。

撰文用"四字格"是最受青睐,也最受表彰的,直到今天还是如此。可知"四"数崇高,能成文章风骨。前人盛赞文天祥善四字格:"文信国公诗文秉天地之正,雄绝一代,四六亦工。集中载《山中厅屋上梁文》,有云:'未问君王,便比赐鉴湖之宅;何须将相,方谋归绿野之堂。'又作

《黑赋》云："孙膑衔枚之际，半夜失踪；达摩面壁以来，九年闭目。"令"客绝倒"[①]！二文共八个四字格，两个六字句，而古文作六字句通常被看作是很困难的事。

"廿卅卌"这三个字有利于古代在涉及计数表达时形成四字格。这三个数目字有直音或反切，即有单独的读音，是单音节双语素词，与连绵字如"葳蕤"之类双音节单语素相反。据宋人和清人考证[②]："秦始皇凡刻石颂德之辞，皆四字句。"但《史记》都改成了五字句。如《泰山辞》曰："皇帝临位，二十有六年。"《琅琊台颂》曰："维二十六年，皇帝作始。"《之罘(fú)颂》曰："维二十九年，时在中（仲）春。"《东观颂》曰："维二十九年，皇帝春游。"《会稽颂》曰："德会修长，三十有七年。"称："尝得《泰山辞》石本，乃书为'廿有六年'，想其余皆如此。而太史公误易之，或后人传写之讹耳，其实四字句也。"循此，当"维廿六年""维廿九年""卅有七年"，皆四字格，以显崇高风格，亦"四"数吉祥之证。

四字格，还可以追溯得更早。《春秋经》记录了从隐公元年（前722年）至哀公十六年（前479年，孔子卒年）244年间发生的35次日食。"日食"均说成"日有食之"四字，无有例外。如隐公三年："三年春，王二月己巳，日有食之。""王二月"指周历的二月；"王"，如同隐公元年的"王正月"一样，《公羊传》认为指周文王。杨伯峻《春秋左传注》认为这是公元前720年2月22日发生的日全食。35次日食，《左传》也说及，也无有例外用"日有食之"四字。杨注以为此四字格为"当时习惯"，"此种习惯语本自西周"，有《诗·小雅·十月之交》"十月之交，朔日（初一日）辛卯，日有食之"为证，且这三句话也都是四字格连缀。再往

---

① 见［清］陆以湉《冷庐杂识》，冬青校点，上海古籍出版社2012年12月第1版，第37页。

② 见［清］阮葵生《茶余客话》，李保民校点，上海古籍出版社2012年12月第1版，下册，第387页。

上追问,甲骨卜辞中也不乏此类似表达:"癸酉贞:日夕有食,佳若? 癸酉贞:日夕有食,非若?"(《殷契佚存》347)甲文四字格,又如:"东土受年,南土受年,吉祥。"(《殷契粹编》907)"受年",商祭祀四方以祈年丰之礼,四方之神接受此礼。

古代"四代同堂"是极其难得的,可"一时传为盛事"①。

清人还以"四雪"命名自家的庭院。有云:"郎仁宝(郎瑛)谓李太白之'梨花白雪香',元穆之之'落梅香雪浣苍苔',苏东坡之'海棠泥污胭脂雪',杨廷秀(杨万里)之'雪花四出剪鹅黄',是皆以花为雪,而雪且四色。予草堂廷中植此数花,故以'四雪'取名。"②

又古有"四休"之诚,并以为号。宋人孙昉号"四休居士",云:"粗茶淡饭饱即休,补破遮寒暖即休,三平四满(指饮酒)过即休,不贪不妒老即休。"黄庭坚赞为"此安乐法也"。③

又古有"四威仪"之说。有《山中四威仪》词,其一云:"行不与人共行,出门两足云生,为看千峰吐翠,踏翻故渡月明。"其四云:"卧不与人共卧,葛被和云包裹。孤峰独宿无聊,明月梅花与我。"④内含"慎独"之教训。

又古有"四留铭"说。《夷坚志》载宋参政伯王留耕著《四留铭》云:"留有余不尽之巧以还造化,留有余不尽之禄以还朝廷,留有余不尽之

---

① 见[清]陆以湉《冷庐杂识》,冬青校点,上海古籍出版社 2012 年 12 月第 1 版,第 217 页。

② 见[清]褚人获《坚瓠集》,李梦生校点,上海古籍出版社 2012 年 12 月第 1 版,第一册,第 82 页。

③ 见[清]褚人获《坚瓠集》,李梦生校点,上海古籍出版社 2012 年 12 月第 1 版,第二册,第 366 页。

④ 见[清]褚人获《坚瓠集》,李梦生校点,上海古籍出版社 2012 年 12 月第 1 版,第二册,第 344 页。

财以还百姓,留有余不尽之福以还子孙。"①

西门庆为其儿子定亲准备喜宴时,特意吩咐要用四盘蒸饼、四盘鲜果、四盘羹肴,送礼送"四个金宝石戒指儿"。婚俗要合"四",可见"四"字吉祥到家了。改革开放初期,盛行婚礼四大件,俗称"三转一响、三圆一方"(手表、自行车、缝纫机、收音机),讨喜庆、团圆之意。现代也有许多"四"字吉祥处优的说法,如:四化、四两拨千斤、四平八稳、四时八节、四通八达、四仙桌、四小龙、四喜、四世同堂、四海为家、四月八(苗家节日名),等等。

现代人也有因"四"与"死"音近,故忌讳"四"字的,送礼品则送两件、六件、三件、五件都行,不送四件。日本医院没有第四层,也没有四号病房,探望病人也忌讳说到"四"。韩国军队建制军、师、团、营、排、班都没有四号。②这实在是对"四"字的误读。不过,谬解"八"字却能心生欢喜,误读"四"字只会带来生活中的麻烦。如某地讳"四",住四楼说成3+1楼,住四号大院说成3+1号院,是否是3号院的附属1号院呢,这就让邮递员犯难了。

"六"自古以来就是吉祥示好的数字。例:六一居士(欧阳修号)、六一老(尊称欧阳修)、六才子书、六大(商周六种官职)、六子(八卦中乾卦、坤卦生出的后六卦,可说为长男长女、中男中女、少男少女)、六六鳞(书信)、六玉、六正、六功、六本、六出花(雪花)、六出奇计(陈平计)、六出岐山(诸葛亮攻魏)、六列(古乐名)、六合(宇宙、吉日)、六衣(王后礼服)、六米(九穀六米)、六如居士(唐伯虎)、六言(六种美德)、六君子、六和、六享、六科、六律、六祖(禅宗第六代祖师慧能)、六畜兴

① 见[清]褚人获《坚瓠集》,李梦生校点,上海古籍出版社2012年12月第1版,第二册,第330页。

② 日本、韩国忌讳"四",参见杨德峰《汉语与文化交际》(修订本),商务印书馆2012年2月第1版,第125页。

旺,等等。

但"六"也有表不吉的,但较少。如:六月飞雪(冤情)、六月债、六尺之孤、六迷、六逆、六院(妓院)、六害(阴阳相冲),等等。

现代人大概以"七"为最倒霉的数字,连西方人都有"大善有四,七恶不赦"的说法。但"七"在古代也是吉祥、高贵之数。《论语·宪问》"子曰:贤者避世……""子曰:作者七人矣"。宋代程伊川以"作者"为圣人,"作者七人"就是七位圣人,他们是:伏羲、神农、黄帝、尧、舜、禹、汤。或以为七位高士,有伯夷、叔齐、虞仲、夷逸、朱张(范蠡)、柳下惠、少连;或以为七位有独立人格的贤人,有荷蒉、荷蓧、仪封人或微生亩、晨门、楚狂接舆、长沮、桀溺。①

《礼记·礼运》有"七情":"喜、怒、哀、惧、爱、恶、欲。"七者皆"弗学而能"的人类本性。从古代多有以人为本的观念看,"七情"之"七"亦高贵之数。宋代朱熹还以"七情"发于"气",明代王阳明则屡屡言"七情"。

又如古代以"七"言高尚其事,吉祥美好例:七十二(天地阴阳五行之成数)、七十二子(孔门弟子)、七十二贤人(同前)、七十二福地、七夕、七友(舜的七友人)、七星、七正(日月五星)、七步(才思敏捷)、七事(古代治国七件大事)、七典(汉代以《论语》《孝经》加五经)、七采、七珍、七宝、七律、七雄、七圣、七经,如此等等。

民间有为死者"过七"的风俗,十分普遍。意为每隔七天为死者招魂一次,共七次。清钱泳《履园丛话》卷三《考索·七七》:"要皆佛氏之说,无足深考。"又说:"谓始死七日,冀其一阳来复也。祭于来复之期,即古者招魂之义,以生者之精神,召死者之灵爽。至七七四十九日不

① 见[清]陆以湉《冷庐杂识》,冬青校点,上海古籍出版社2012年12月第1版,第296页。

复,即不复矣,生者亦无可如何也。此说最通。"①一个"过"字,有佛家"过度生死,靡不解脱"之义。尤重"过五七",《华严经疏》卷五十六:"五七亦足约闻圣教,及诸类言辞,故神足约业,用及色身。"约,约归,入范。圣教,如来圣教。业,业道,后果。佛家以善性恶性必受苦乐之果,谓之业因。色身,精神和身体。又有挽歌"哭七七",将死者生前事迹编成歌词而哀唱之,既致哀悼,亦助招魂。今天看来,凡此种种皆纪念先人,尊崇死者之举,得其精义亦即尊重和宝爱生命,归之现世生命文化可也。

---

① [清]钱泳《履园丛话》,孟斐校点,上海古籍出版社 2012 年 11 月第 1 版,上册第 57 页。

七 对联及其汉语汉字的妙用

（一）楹联、门联、对联

楹联是中国特有的文化样式。人们往往只提唐诗、宋词、元明散曲等，殊不知宋、明、清、近代的楹联大行其时，上至帝王，下至平民百姓，无不乐用。

楹联起于何时，已难确考，但大体可说。楹，厅堂前的大柱子。楹联就是贴在柱子上的对偶语句写成的对子。也可贴在门户上，可称门联。对联的说法比楹联、门联的范围广，还可包括挂在墙上的、树上的、牌楼上的，乃至气球上的、室内的、室外的，等等。

最早的对联是贴在门户上的。传说有座度朔山，山上有株大桃树，树下住着兄弟二人，"性能执鬼"，于是古代民间习俗每年元旦（今春节）用一对桃木板画上此二人的像，插在门户上作为"仙木"以驱邪，称为"桃符"。插桃符的事，传说从五千多年以前的轩辕黄帝时代就有了，后代一直延续。北宋王安石的《元日》诗写道："爆竹声中一岁除，春风送暖入屠苏（酒名）。千门万户曈曈（tóng tong 天刚亮）日，总把新桃换旧符。"说的就是这件事。但实际上，"桃符"既然是个"符"号，内容就会不断变化。桃符画改题文字就是内容更新，开始是画像，后来只写兄弟俩的名字。据说到了五代后蜀，国君孟昶（934—965 年在位）命令文士们在元日还要再写点文字在桃符上，以表节日喜庆之意，但国君看了"以其非工"，很不满意，便自题一款："新年纳余庆，佳节号长春。"这便是最早的春联，也是最早的对联了。清梁章钜在其《楹联丛话》中说："楹联之兴，启于五代之桃符，至推而用之楹柱，盖自宋人始。"宋代人过大年,时间长,也特别热闹。但宋代人的春节以二十四节气的立春为元日,不在农历正月初一日。宋周密《武林旧事》记载,南宋杭州"自十月以来"市场上就有桃符出售,还有"锦装新历"、各种大小门神、能打鬼辟邪的钟馗、画有狮子、老虎头像的印刷品、用五言、七言绝句写成的春端帖子、立春那天挂在树上的春旗,等等。腊月初八那天除腊八粥以外,还有医家用虎头丹、屠苏药酒作礼品馈赠,谓之"腊药"。腊月二十四谓之辞旧迎新的"交年节",用花糖、米饵祭祀灶神。除夕那天放爆竹通宵达旦,谓之"聒(guō)厅"(聒帐,通宵宴饮,管弦齐作,闹腾之俗),小女儿通宵博戏不寐,称"守岁";点灯床下,以驱除邪秽鬼怪,称"照虚耗";缝贴"天花已过"之类的"天行帖儿";贴多种门神;祭祀祖先;进食屠苏酒、百事吉果子、胶牙糖;戏语卖傻、卖口吃以讨口彩,等等。最有文化味的除了写"春端帖子"外,还有做守岁词,堪称民间号、民风牌宋词。有人录杨守斋《一段春》"最为近世所称"的守岁词:①

　　　　爆竹惊春,竞喧阗,夜起千门箫鼓。流苏帐暖,翠鼎缓腾香雾。停杯未举。奈刚要、送年新句。应自有、歌自清圆,未夸上林莺语。

　　　　从他岁穷日暮,纵闲愁、怎减刘郎风度。屠苏办了,迤逦柳忻梅妒。官壶未晓,早骄马,绣车盈路。还又把,月夜花朝,自今细数。

---

① 文中言宋人过春节热闹及守岁词,均见傅璇琮主编《中国古典散文精选注译》,《笔记卷》张万起、金毅注译,清华大学出版社 2009 年 8 月第 1 版,第 286、287 页。

　　"自宋人始"的对联的写法就是要文字音义捉对,这只有汉语汉字能做到,故对联永远姓"汉"。文字音义成对成双,自古有之,它们是后世对联的渊源父母,故对联工夫在古诗文。最早的古书《尚书》中的《大禹谟》就有对偶句:"满招损,谦受益。"连最早的诗集《诗经》的第一篇《关雎》的第一句"关关雎鸠,在河之洲,窈窕淑女,君子好逑",也是成双成对的。更不用说李白的诗句"飞流直下三千尺,疑是银河落九天",对得大势磅礴,几乎把整个自然宇宙都捉对进去了。即使上面举的民间牌《守岁词》,"流苏帐暖,翠鼎缓腾香雾;屠苏办了,迤逦柳忻梅炉"也是成对的。无妨把历史上那些名言名句集而成对,抄写下来贴在书房、洞房、山房的门户上而权作门对用。但它们与真正的对联还是有距离的。区别就在于,它们是诗文中的对偶句。对偶是文学作品的修辞手法,它们存在于古诗文中,或可辑录移用作楹联门对之用。而真正的对联是借用古诗文对仗的写作手法,专门创作出来的反映某个典型环境下的文化需要的相对完整的作品。一副对联,犹如一首诗、一首词、一幅画,是一个少而精的完整的文学作品,是三言两语的文化创造物。再则,要说诗词最是文学,不乏文化,对联更加文化,更不乏文学。

　　有了唐诗、宋词的大繁荣、大发展为奠基,宋代开始兴起的,挂上大柱子的楹联创作几乎是文化史的必然景观。宋人典型的对联,如苏轼《题武汉黄鹤楼联》:

　　　　爽气西来,云雾扫开天地撼;
　　　　大江东去,波涛洗尽古今愁。

又如南宋朱熹《江西广信南岩寺读书处联》:

一窍有泉通地脉，

四时无雨滴天浆。

两句都是用比喻来说读书的快乐、收获。把读书比作清泉、雨露，清新可喜，颇为别致。朱熹在《观书有感》诗中也是这样做的："半亩方塘一鉴开，天光云影共徘徊。问渠那得清如许？为有源头活水来。"也是说读书可获源头活水，充实知识，快乐无比。要是更深入一层，顺着哲学家朱熹的思路来寻觅，兴许可解读书当识书眼文脉，理路史见，犹找到泉眼天津，方可清泉琼浆，收获富润。但一般说，诗无达诂，联有的诠，因撰写对联都有很明确的语境，针对性极强，所谓对联须讲究"适切"：切人、切时、切地。更不用说近人、今人写的对联了。

（二）对联的内容分类

要对对联进行分类，确实是个难题。古今人等，咏物之妙，趣旨所及，内容性质，皆可立作维度，成为分类标准。按常见的内容分类说之，则有：

1. 风景名胜联

前举苏轼联即属此类。现举出清李联芳《题武汉黄鹤楼联》：

数千年胜迹，旷世传来，看凤凰孤屿，鹦鹉芳洲，黄鹤鱼矶，晴川杰阁，好个春花秋月，只落得剩水残山！极目古今愁，是何时崔颢诗，青莲搁笔；

一万里长江，几人淘尽？望汉口夕阳，洞庭远张，潇湘夜雨，云梦朝霞，许多酒兴诗情，尽留下苍烟晚照！放怀天地窄，都付与笛声飘渺，鹤影蹁跹。

上联历数黄鹤楼周围的名胜古迹,如凤凰屿、鹦鹉洲等,还特别提到崔颢题诗黄鹤楼,李白只得搁笔,后到南京凤凰台题诗,概之为写近景和旧事。下联远眺洞庭、潇湘、云梦泽国,不免酒兴时现悲凉,放怀间多虚空,概之为写远景和神笛仙影。

又如清邓廷桢《安徽安庆大观亭联》:

> 樽前帆影,槛外岚光,数胜迹重重,都向江头开画本;
> 楼上仙人,阁中帝子,溯游踪历历,又来亭畔吊忠魂。

邓廷桢(1775—1846 年)与林则徐一起禁烟共浮沉,工诗词多忧国忧民。上联即写近景,帆影、岚光、胜迹、画本织成开朗爽健意境,下联感黄鹤楼仙人已去,滕王阁帝子远逝,诗人宦海浮沉,历历游踪,逆流溯行,履职皖地,先吊名将(元代安庆守将余阙)忠魂,抒怀言志。

又如清李其宴《江西南昌滕王阁联》:

> 我辈复登临,目极湖山千里而外;
> 奇文共欣赏,人在水天一色之中。

全联句句用典。首句用孟浩然《与诸子登岘山》"江山留胜迹,我辈复登临"典,次句用韩愈《新修滕王阁记》"令修于庭户,数日之间,而人自得于湖山千里之外"典,第三句用陶渊明《移居》诗"奇文共欣赏,疑义相与析"典,第四句用王勃《滕王阁序》"落霞与孤鹜齐飞,秋水共长天一色"典。借典写景,浑然不觉,以典摹人,正在其中。可见作者把旧时典籍和自然人生两部书都读活了。

　　由以上可知,风景名胜联无不极写天地之大美,名胜之隆盛,但主体自我,人生感悟,无不融贯其中。

2. 名人事迹联

名人是民族的脊梁,他们可歌可泣的业绩或早已进入诗文,用三言两语的对联简括之,更便于令誉远播,普施教化。例如,明王守仁《浙江杭州于谦寺联》:

> 赤手挽银河,公自大名垂宇宙!
> 青山埋白骨,我来何处吊英贤?

于谦为保卫北京城而拥立明景帝,明英宗复辟后以"谋逆罪"处死于谦。后人一直称扬于谦的"忠贤英烈"。

又如,清蒋士铨《扬州梅花岭史可法祠联》:

> 读生前浩气之歌,废书而叹。
> 结再世孤忠之局,过墓兴哀。

文天祥有《正气歌》,传史可法为文天祥再世,对联写史可法,但写到了文天祥,天地正气,浩然充盈,无比悲壮,永可饲教后人。

又如清贺长龄《苏州虎丘白居易祠联》:

> 唐代论诗人,李杜以还,惟有几篇《新乐府》;
> 苏州怀刺史,湖山之曲,尚留三亩旧祠堂。

无有歌功颂德,却见历史真实。李白、杜甫被称为诗仙、诗圣,杜诗被称为史诗,白居易《新乐府》五十首揭露社会现实矛盾。出句唐诗简史,对句苏州地望,切合地理环境,无不忆颂乐天。

又如佚名《南阳武侯祠堂联》:

庙垂二千年，问魏阙吴官安在？

人居三代下，比商伊周吕如何？

诸葛亮事迹，妇孺皆知，美辞美言，既已用尽。武侯祠堂联，就有"名士几人兼将相，使君终古识英雄"，颇含人生哲理。"巾扇任逍遥，试看抱膝长吟，高卧尚留名士迹；井庐空眷念，可怜鞠躬尽瘁，归耕未遂老臣心。"形象逼真，凸显名士，井庐空念，陇亩追忆，唯践行儒家大礼义，鞠躬尽瘁于复兴汉家伟业，永为历史赞誉。又如，"立品于莘野、渭滨之间，表读出师，两朝勋业惊司马；结庐在紫峰、白水以侧，曲吟梁父，千载风云起卧龙"。典雅高古，收笔动感。这三连无比贴切、典雅、正式、入范，读之感念动容。而表出之佚名氏"庙垂、人居"联，造句通俗，用两个疑问句发人省审，被人赞为"此二十四字，几乎成为前无古人、后无来者之作"。①

又如明李东阳《题曲府衍圣公府联》：

与国咸休，安富尊荣公府第；

同天井老，文章道德圣人家。

休，福禄。全联歌颂了一代又一代的孔子后人。

又如清田实发《题邹县孟庙联》：

孔门功盖三千士；

周室生当五百年。

_____

①　陆家骥《对联新语》，广西师范大学出版社 2005 年 9 月第 1 版，第 423 页。

将孟子与孔门三千弟子并观,思路别致,《孟子·公孙丑下》有"五百年必有王者兴"句,此处用说孟轲本人,十分巧妙。且上下联对得自然工整,贵在自然!

又如清秦瀛《题长沙屈子祠联》:

> 何处招魂,香草还生三户地;
> 当年呵壁,湘流应识九歌心。

"三户地"指楚国,《史记·项羽本纪》有"楚虽三户,亡秦必楚"句。"呵壁"指屈原见楚王庙堂壁画,作《天问》于壁上,呵问上苍,以泄愤懑。全联用了六个与屈原、与楚地有关的典故:招魂、香草、三户、呵壁、湘流、九歌。纪念屈原,还屈原于其人,于其地。六个典故串成双关、拟人、指代等修辞手法,效果震撼,直叫人追思不已,感慨无穷。

又如佚名《题韩城司马迁祠联》:

> 刚直不阿,留将正气凌霄汉;
> 幽愁发愤,著成信史照尘寰。

陕西韩城为司马迁故里,上联写其人格,下联写其著作,亦所谓道德文章之评价标准。

3. 言志自励联

可以推为最早贴在书房里言志自励的对联,有陆游《自题书房联》:

> 万卷古今消永日,
> 一窗昏晓送流年。

表面写读书消磨时光，实透出胸怀复国，收复中原的壮志。

又如，明代清官海瑞《自题联》：

干国家事，

读圣贤书。

非常直白，是海青天一生铭座。

又如，明胡寄垣《自题联》：

有志者，事竟成，破釜沉舟，百二秦关终属楚；

苦心人，天不负，卧薪尝胆，三千越甲可吞吴。

用历史上两个最有名的典例说明励志对成就功业的必要性和可能性。
传说终身不第的蒲松龄以此自励，写下了《聊斋志异》。

又如清申涵光书堂联和书室联：

真理学从五伦做起；

大文章自六经得来。

可谓深得中国传统文化精义，立于道德，宗于六经。

又书室联：

学古之志未衰，每日必拥书早起；

干世之心已绝，无夕不饮酒高歌。

169

"饮酒高歌"语,正志趣未灭之征。清人评之曰"观此则饮酒高歌正非易易"。①

又如,林则徐《广州演武厅联》:

> 小队出郊坰,愿七萃功成,净洗银河兵不用。
> 偏师成壁垒,看百蛮气慑,烟硝珠海有余清。

首句用杜甫诗典"元戎(大军)小队出郊坰(jiōng 远郊)",七萃,集合众多精锐部队。"净洗"句用杜诗"安得壮士挽天河,净洗甲兵长不用"。含《老子》第三十一章的哲思:"兵者,不祥之器,非君子之器,不得已而用之,恬淡为上。"全联固然是林则徐鸦片战争中反帝业绩的真实写照,实际上也表明作者胸怀大志,立志消灭侵略者的决心。

又如,清邓石如《自题联》:

> 海为龙世界,
> 天是鹤家乡。

以"龙游于大海,鹤飞于蓝天"来自鸣鸿鹄之志。又如邓石如的另一联《自题居室联》:

> 沧海日,赤城霞,峨嵋雪,巫峡云,洞庭月,彭蠡烟,潇湘雨,武彝峰,庐山瀑布,合宇宙奇观,绘吾斋壁;
> 少陵诗,摩诘画,左传文,马迁史,薛涛笺,右军帖,南华经,相如赋,屈子离骚,收古今绝艺,置我轩窗。

---

① [清] 阮葵生《茶余客话》,李保民校点本,上海古籍出版社 2012 年 12 月第 1 版,上册,第 271 页。

收尽天下奇观,人间美好,为我所用,由我驱遣,是何等气势,何等风范! 是主体心性借咏外物而昭然明晰者也。

又如林氏妇(据说是林则徐女儿)《自题联》:

我别君去,君何患无妻? 倘异时再叶鸾占,莫谓生妻不如死妇;

儿随父悲,儿终当有母,愿他日得酬乌哺,须知养母即是亲娘。

临终绝笔,十分凄婉。出语告丈夫可以续弦,教育孩子当孝敬后母。心地纯粹善良,人品高贵。

又如,近人吴昌硕《浙江杭州西泠印社联》:

印岂无原,读书坐风雨晦明,数布衣曾开浙派;
社何敢长,识字仅鼎彝瓴甓,一耕夫来自田间。

既是言西泠社之志,作为创始人,也是言作者之志。鼎彝瓴甓(líng pí),指钟鼎彝器,陶砖瓦缶上的古文字。言西泠社两大志趣:读书和识读金石文字。

励志自勉者,学人多识范文澜自励联:

板凳要坐十年冷,
文章不写一句空。

4. 人生哲理格言联

如《增广贤文》言人生哲理联:

酒逢知己饮，

诗向会人吟。

会人，即会吟诗、写诗、懂诗的人，否则是对牛弹琴。全联论交友之道，办事说话看对象。

又如佚名录宋苏麟句成格言联：

近水楼台先得月，

向阳花木易为春。

传为苏麟献诗范仲淹联，有鉴于范在杭州任命同事同道，既讲了一般可以理解的道理，也表达了希求进用之心。如无此背景，亦自然哲学之平实之理。

又如佚名格言联：

学如逆水行舟，不进则退；

心似平原走马，易放难收。

即韩愈"业精于勤荒于嬉，行成于思毁于随"之说，足堪学人铭座。

又如佚名撰格言联：

友如作画须求淡，

文似看山不喜平。

上联言君子交友淡如水，下联言作文要求跌宕起伏，错落有致，命意不凡。

又如佚名《题某地戏台联》：

> 职业原无贵贱，只要安心务正，就是他剃头唱戏缝衣裳，
> 不算低下；
> 品格应分高下，若是任意胡来，哪怕你做官为宦当皇帝，
> 照样肮脏。

全联用白话道出，痛快淋漓。为全社会确立了正确的价值观。

又如，佚名《题南阳卧龙岗宁远楼联》：

> 淡泊以明志，
> 宁静以致远。

此联引自诸葛亮《诫子书》："君子之行，静以修身，俭以养德。非淡泊无以明志，非宁静无以致远。"言自我修身，方可担当历史重任。

又如，明胡居仁《自题治学联》：

> 苟有恒，何必三更眠，五更起；
> 最无益，莫过一日曝，十日寒。

言学贵有恒，切忌一曝十寒。

又如，郑燮《自题居室联》：

> 删繁就简三秋树，
> 标新立异二月花。

道出了艺术创作、为文的普遍性法则：简洁，创新。有了这两条，方可凸显其美，犹如三秋树、二月花。

又如，清李渔《题庐山简寂观联》：

> 天下名山僧占多，也该留一二奇峰，栖吾道友；
> 世间好话佛说尽，谁识得五千道德，出我先师。

全联告诫佛教徒不要数典忘祖，老子《道德经》五千言才是真正的中国货。上下联之首句，已成名言、口头语。可与此联构成鲜明对比的是，《老残游记》二编第一回盛赞佛教的对联：

> 靓妆艳比莲花色；
> 云幕香生贝叶经。

又如，陶行知《题晓庄师范联》：

> 四体不勤，五谷不分，孰为夫子？
> 小疑必问，大事必闻，才算学生。

对老师和学生都提出了要求。全联阐述了作者全新的办学理念：重视社会实践。

又如，书法家沈鹏《己亥年春联》：

> 有豕家中宝，
> 立人位至诚。

他的《兔年联句》："兔毫落墨三江水，国事开春八阵图。"《龙年联句》："龙孙吐节存高远，凤羽摩云振大千。"①也无不及于人生定位和价值追求。

（三）汉语字词在对联中的妙用

汉语字词在对联中的妙用，一般都以为文字游戏，实际上不尽然，恰恰是用文字功夫，构造巧妙。大体有：

1. 叠字连绵对联

如，佚名《河北秦皇岛山海关孟姜女庙联》：

海水朝（zhāo）朝（cháo）朝（zhāo）朝（cháo）朝（zhāo）朝（zhāo）朝（cháo）落，

浮云长（cháng）长（zhǎng）长（cháng）长（zhǎng）长（cháng）长（cháng）长（zhǎng）消。

意思是，海水每天早晨涨潮，每天早晨涨潮，但每天早晨潮水都会退落。浮云常常生长，常常生长，但常常生长都会生长消解，停止生长。道出了自然现象变化的辩证原理：涨潮自有落潮时，云生总有消散时。另一种理解，说成封建帝王每天都接受朝拜，但总有尽时，只有孟姜女永远活在人们的心中；浮云可蔽日，但总有散失时，风正气清的时代总会来临。

2. 巧用数字入联

如，用一至十数，依次鱼贯入联。《龙眠联话》载清代某老九十寿

---

① 参见张玉梅《拼将岁岁赚三馀：新春访名家沈鹏》，见《光明日报》2019 年 2 月 12 日 4 版。

诞,自撰贺联云:

　　一品封典,二品顶戴,三品卿衔,身历四朝,指日同堂五代;

　　六旬出山,七旬分巡,八旬致仕,寿登九秩,愿天假我十年。①

简化之则为"一二三品,四朝五代;六七八旬,九秩又十"(便成百)。一生荣耀经历,事业年寿,尽行写入。

　　又如,数字与实情相配,数字实情巧合入联。乾隆五十五年(1790年)帝八十大寿时京中有一经坛灯联,联云:

　　八千为春,八千为秋,八方向化八风和,庆圣寿八旬逢八月;
　　五数合天,五数合地,五世同堂五福备,正昌期五十有五年。②

主题词"八十大寿""五十五年"尽皆植入,"八""五"之数的吉祥言语备至。据说乾隆帝十分欣赏此联,又传谓纪晓岚所撰。信乎! 非纪氏而不能为。

　　又《聊斋志异》记,讽刺明末政要降清者:

　　一、二、三、四、五、六、七;
　　孝、悌、忠、信、礼、义、廉。

---

①　参见陆家骥《对联新话》,广西师范大学出版社 2005 年 9 月第 1 版,第 131 页。
②　参见陆家骥《对联新话》,广西师范大学出版社 2005 年 9 月第 1 版,第 131 页。

上联少了个"八"字,下联无"耻"字:"忘八""无耻"也。清王应奎《柳南随笔》称:顾大韶谓明人詈语"亡八",非也,实"王八"也。《五代史》云:前蜀开国皇帝王建(847—918 年)少时无赖,排行第八,人皆以"贼王八"呼之,詈语"王八"本此。

3. 以同偏旁字嘱对

例如,据传济公的表妹爱上济公后怨济公不近人情,及济公劝慰表妹看破红尘。上联为"怨",下联为"劝"。

寄寓客家,牢守寒窗空寂寞;

迷途辽远,退还莲逐返逍遥。①

上联是表妹搬到济公家居住后的守"寒窗"的怨言,下联是济公活佛规劝对方"返逍遥"的箴言。上联全用"宀"(mián)字旁的字,下联全用"辶"(辵,chuò)字旁的字对上。这是单联同部首字成句,还有上下联用字部首相同而对的。例:

烟锁池塘柳,

炮镇海城楼,

全联用金、木、水、火、土偏旁字相对成联。

4. 对联嵌字格

意有所瞩,字有所安,便有意将表某意的字置于联中,是为撰联的嵌字法。例如佚名《江西九江白居易祠联》:

---

① 参见陆家骥《对联新话》,广西师范大学出版社 2005 年 9 月第 1 版,第 132 页。

枫叶四弦秋,怅触天涯迁谪恨;

浔阳千尺冰,勾留江上别离情。

将白居易《琵琶行》诗句"浔阳江头夜送客,枫叶荻花秋瑟瑟"中的"枫叶""浔阳"皆嵌入,以示表彰白诗成就。甚至"怅(chéng)触"句、"勾留"句,亦《琵琶行》全诗主题的概括。

又如佚名《庆贺联》:

五千年古国,郁郁乎文哉,柳暗花明,庆新风拂苏大地;

十亿人家庭,彬彬哉礼也,欢颜笑貌,歌盛世美满神州。

作者有意把"文""明""礼""貌"嵌入联中。

嵌字要求的位置不同,字数不同,少则一个,多则五个,如何嵌入,则嵌法又极多,竟然有千余种。现按嵌字的多少和位置,举出嵌字格十七种,它们是:

凤顶格,又称鹤顶格,排头格,即嵌入上、下联第一字位置。如以"广""雅"二字嵌入:

广寒开月阙,

雅乐彻云霄。

又如以"文""明"二字嵌入,有《题湖南永兴文明书院》联:

文章千古事,

明德万年馨。

燕颔格，又称叶底格，即将要嵌的两个字嵌入上、下联的第二字位置。如将"振""兴"二字嵌入：

大振军威寒敌胆，

勃兴国运暖民心。

又如以"土""木"二字嵌入：

寸土为寺，寺旁有诗，诗曰：明月送僧归古寺；

双木成林，林下示禁，禁云：斧斤以时入山林。

鸢肩格，又称鹿顶格，将所嵌之字排入上、下联的第三字位置。如将"汉""书"二字嵌入：

射雕汉将千人敌，

投笔书生万里侯。

又如要将"秋""瑾"二字嵌入，有佚名《挽秋瑾联》：

悲哉秋之为气，

惨矣瑾其可怀。

蜂腰格，又称合欢格，即将要嵌的两个字嵌入上、下联的第四字位置。如将"史""生"二字嵌入，有清代李学博《挽林则徐联》，意从历史评判和民生舆情两视点入手：历史有定评，人民尽哀悼。

千秋青史存公论，

四海苍生哭此人。

又如以空间词"处"和时间词"时"为着眼点抒志,有翁同龢《自题联》,被誉为翁一生写得最好的对联:

    文章真处性情见,
    谈笑深时风雨来。

鹤膝格,又称分跗(fū脚背)格,即将要嵌的两个字嵌入上、下联的第五字位置,如要将"比""唱"二字嵌入,以示拟比和歌唱,有清代李尧栋《南京莫愁湖水阁联》:

    一片湖光比西子,
    千秋乐府唱南朝。

将莫愁湖拟比西湖。"千秋乐府"指《乐府诗集》中有《莫愁乐》诗,说莫愁女善歌唱,家住石城西。此"石城"原在湖北钟祥县,故诗中有"闻欢在扬州,相送楚山头"句,后人误以此"石城"为金陵石头城,说莫愁女居此,莫愁湖得名由自。古诗要求第五字要响,李白《望庐山瀑布》:"飞流直下三千尺,疑是银河落九天。""落"字很响亮,此联鹤膝格正求"唱"字响。

有人以"皆"肯定,以"不"否定命意入联,有明代祝允明《江苏扬州凝翠轩联》:

    四面有山皆入画,
    一年无日不看花。

凫胫格,又称长胫格,将意欲嵌的两个字嵌入上、下联的第六字位

置。如将灵隐寺之"隐"字和飞来峰之"飞"字嵌入,有佚名《浙江杭州飞来峰联》:

> 灵鹫向云中隐去,
> 奇峰自天外飞来。

又如以"水""谣"命意,以吊屈原,怀宋玉,则有:

> 赋吊屈原湘水渺,
> 歌传宋玉楚谣多。

雁足格,又称鹤足格、并蒂格,将意欲嵌的两个字嵌入上、下联的末字或第七字位置,如,有佚名《讽刺洪承畴联》,将语气词"矣"字和"乎"字嵌入:

> 君恩深似海矣;
> 臣节重如山乎?

洪承畴为明重臣时,曾自题一联:"君恩深似海,臣节重如山。"崇祯十四年(1641年),率领八总兵十三万人与清兵作战,兵败被俘降清,旋即引清兵入关,镇压江南抗清义军,杀黄道周、夏完淳等多人。对洪的所作所为,百姓气愤,连洪的母亲见到洪以后亦以杖笞之,曰:"将为天下除一害也。"①有人在洪联后各加一语气词以讽刺之,入木三分。另有一讽刺洪承畴变节联,亦痛快淋漓,联云:"史鉴流传真可法,洪恩未报

---

① 见陈登原《国史旧闻》,中华书局2000年8月第1版,第3册第468页。

反成仇。"嵌入"史可法","洪恩"指明代对洪承畴的大恩,"成仇"谐"承畴",指洪承畴对明朝反目成仇。嵌入格、谐音,唯汉语汉字为能,为汉语汉字文化之本。又例以"小""沉"二字命意成雁足格,有楹联大师纪昀《挽刘统勋联》:

> 岱色苍茫众山小,
> 天容惨淡大星沉。

刘统勋山东诸城人,为乾隆时东阁大学士,乾隆三十八年卒于上朝轿中,乾隆帝亲赴吊唁,痛哭流涕。挽联化用杜甫诗《望岳》"岱宗夫如何? 齐鲁青未了"典,寓指刘的郡望,"会当凌绝顶,一览众山小"典,突出刘的伟岸。"天容惨淡"指乾隆的哭吊。

魁斗格,将意欲嵌的两个字嵌入上联之首,下联之末。如将"四方"二字嵌入上下联的首、尾,有清代朱伦瀚《浙江天台山上方广寺联》:

> 四山滴翠环初地,
> 一路听泉到上方。

"初地",寺庙的别称。

如以"花楼"二字嵌入,有清代何绍基《四川成都茗椀楼联》:

> 花笺茗椀香千载,
> 云影波光活一楼。

"花笺"即女校书薛涛制作的诗笺,别具色泽,人称薛涛笺。茗椀楼即碗茶喷香之楼。

　　连理格，又称蝉联格。将意欲嵌的两个字嵌入上联之末，下联之首。如以"紫鹃"二字嵌入：

　　　　雁过声传暮云紫，
　　　　鹃滴血染碧山红。

　　又如以"此身"二字嵌入，意在自我鸣志，有吉鸿昌自题联：

　　　　松间明月长如此，
　　　　身外浮云何足论。

　　鼎峙格，意欲嵌入三字，上一下二，或上二下一，位置不限。例嵌入"瘦西湖"三字联：

　　　　东楼人比黄花瘦，
　　　　西子湖同碧月澄。

　　又例，以"兴观同"三字嵌入，欲期人人自勉励：

　　　　万物静观皆自得，
　　　　四时佳兴与人同。

　　鸿爪格，也是嵌入三字，但位置有限定：一字在上联第四字位置，二字居下联首末。反之，二字在上联首尾，一字在下联第四字位置。例嵌入"红楼梦"三字联：

　　　　红鱼跳水龙门梦，

　　　　紫凤登楼神话诗。

又如郑板桥《镇江焦山自然庵联》，读之可以"面江潮"三字作嵌入格：

　　　　山光扑面经新雨，

　　　　江水回头为晚潮。

更有清代孙尔準《无锡芙蓉湖皇甫墩联》以"星云神"三字嵌入，联中"西神"原本为无锡惠山古名。

　　　　灯火春星浮北郭，

　　　　云霞朝景揽西神。

　　双钩格。意欲嵌入四字，各置上下联首尾。例以明代祝时泰《杭州西湖湖心亭联》以"新、旧、碧（绿）、青（蓝）"嵌入者：

　　　　新水影摇双槛碧，

　　　　旧山光映四围青。

又例佚名《杭州飞来峰冷泉亭联》以"泉、起、峰、来"这四字嵌入，几成诗眼，后人改他字不改此四字。

　　　　泉自几时冷起？

　　　　峰从何处飞来？

据俞樾《春在堂随笔》载：俞樾与家属同游灵隐，小坐冷泉亭，读此联。妻曰：问得有趣，请作答语。俞樾答："泉自有时冷起，峰从无处飞来。"及于"有""无"而富哲思。妻曰：不如改为"泉自冷时冷起，峰从飞处飞来"，更像禅宗语录中的机锋语，也更契合原联语境。

　　碎锦格。又称碎流格、碎联格。将四个字两两嵌入上下联，次序不限，但应避免二字相并。如以"山径海舟"，犹"山路海船"嵌入，有佚名《格言联》：

　　　　书山无路勤为径，
　　　　学海无涯苦作舟。

如以"一二三四"数字嵌入，有：

　　　　一丛人影三弓地，
　　　　四面和风二月天。

　　五杂俎格。嵌五字，任意分排在上下联中，但应避免文字相并。又《七十寿联》嵌入"仁寿合古稀"：

　　　　日月双辉仁者寿，
　　　　阴阳合得古来稀。

又如嵌入"新春盈美遍"，有联：

　　　　三春瑞气盈新宅，

四美高风遍城乡。

卷帘格。将二字分别嵌于上下联,但要求下句文字位置超过上句文字一个字的位置,一般为下四上五,故又称"四五卷帘格"。有嵌入"百花"的婚联:

并蒂莲花双吐艳,
同心伴侣百年欢。

又如嵌入"武松"二字者:

打虎威名松亦赞,
诛奸勇武鬼犹惊。

辘轳格。又称横斜格,形同卷帘格,但卷帘格为"上五下四",辘轳格为"上三下四"。故又称"三四辘轳格"。例嵌入"熙凤"二字者联:

弄色熙风摇败柳,
司晨雌凤赛雄鸡。

又如将"但将"二字嵌入上三下四者,有陶澍《上海豫园得月楼联》:

楼高但任云飞过,
池小能将月送来。

重台格。嵌入四字,两两重叠嵌入上下联的开头,故名。例以"面""心"二字重叠嵌入者,有清代女词人叶翰仙《杭州西泠印社四照阁联》:

> 面面有情,环水抱山山抱水;
> 心心相印,因人传地地传人。①

另有佚名撰《西湖花神庙联》:

> 翠翠红红,处处莺莺燕燕;
> 风风雨雨,年年暮暮朝朝。

以上为十七种嵌字格②。嵌字联,在命意明确,针对性极强的对联(例如春联、贺联、挽联)中是用得到的,不可目为文字游戏而轻弃之③。例如:江苏省凤凰出版集团石启忠君夫人邓清华逝世后,有人制《悼邓清华贤媛联》一副,将他俩的名字及"好合"二字嵌入。

> 一生清秀娟洁灵慧,好启意远淑且真,今遽绝沉疴决赴
>
> 先天国;

---

① 关于嵌入格,一般以七字联为限,对此,陆家骥认为并非如此,他本人举出的嵌字格有不限于七字句的多例。见陆家骥《对联新话》,广西师范大学出版社 2005 年 9 月第 1 版,第 232—259 页。

② 这种分类法,可参见张广平等编《古今名人名联妙语》,甘肃文化出版社 2000 年 1 月第 1 版,第 20 至 24 页。也可参见何九盈、胡双宝、张猛主编《中国汉字文化大观》,北京大学出版社 1995 年 1 月第 1 版,第 162、163 页。

③ 要是诗歌创作,作为诗的修辞手法"嵌字"也很常见。如《水浒传》第 60 回:"芦花滩上有扁舟,俊杰黄昏独自游。义到尽头原是命,反躬逃难必无忧。""芦"字谐音"卢",将"卢俊义"四字插入诗句中。

仰止华英芳范慈眷，合忠心仪家国事，此忍弃侪辈奔向泉自由。

此外，嵌入联还是文人游艺"诗钟"①的重要内容。搞"诗钟"活动时主持人提出作对联的限定条件，大都要求按命意嵌字，十七种嵌字格就大显身手了。还有另一种条件，并不是按嵌字格实施之，而是合咏或分咏。

对联合咏格，即一副对联吟咏一种事物。应说此格普遍，绝大多数对联咏一人或某几个人的合体，咏一事件或一事物。例佚名《扬州梅花岭史可法墓联》，上下联都是写史可法抗清守扬州而殉国事迹：

殉社稷只江北孤城，剩水残山，尚留得风中劲草；
葬衣冠有淮南抔土，冰心铁骨，好伴取岭上梅花。

抔：音 póu，量词，意捧。

又如清郑燮《扬州三贤祠联》：

遗韵满江淮，三家一律；
爱才如性命，异世同心。

三贤，指欧阳修、苏轼、王士祯三人。此连联本身都强调对三人相同的赞誉。

---

① "诗钟"是文人借以作对联的一种游艺活动，限时间、限条件作出一副七言对联。具体做法是，出题命意以后，把点燃的香系在一根线上，线的一端缚一铜币，下承一盘子。香烧完后烧断线，铜币掉下声响如钟，时间到！诗钟产生在清代嘉庆、道光年间的福建，后流传到外地。

　　对联分咏格，即同一副对联上下联分别吟咏两种不同的事物，但仍共塑同一意境，否则就失去了对联的意义。

　　例如：

　　　　漱玉千年传绝调，
　　　　回环九曲似柔情。

　　看似李清照（字漱玉）与四环的辘轳是两毫不相关的事，但恰恰将《漱玉词》的绝美柔情用四环九曲的辘轳表达了出来。

又如以白雪、红梅命题分咏之：

　　　　白雪拥门门市凝瑞，
　　　　红梅开店店前呈祥。

回文①联，即正着读反着读都能成联。例：

　　　　秀山轻雨青山秀，
　　　　香柏古风古柏香。

----

　　① 回文，是中国古代诗歌创作中的一种绝妙形式。最早可追溯到前秦苻坚时秦州刺史贾滔妻苏蕙的《璇玑图》，共841字，纵横、正反读皆为诗，称回文诗。后来撰写的回文诗词并不少见。华东师范大学中文系教授、著名文学史研究专家陈文华曾举出"史上最奇特的五首回文诗词"，其中第一首就是宋代苏轼写的"最难驾驭"的"通体回文诗"《题金山寺》，诗云："潮随暗浪雪山倾，远浦渔舟钓月明。桥对寺门松径小，槛当泉眼石波清。迢迢绿树江天晓，霭霭红霞晚日晴。遥望四边云接水，碧峰千点数鸥轻。"回文倒读："轻鸥数点千峰碧，水接云边四望遥。晴日晚霞红霭霭，晓天江树绿迢迢。清波石眼泉当槛，小径松门寺对桥。明月钓舟渔浦远，倾山雪浪暗随潮。"回文联则由回文诗化出甚明。

又北大有上联回文,至今无下联,快要成"绝对"了,试对之,不知可否?

> 浦江清游清江浦
>
> 灵隐寺都寺隐灵

好的联语可使诗词文字再获新生。例如:《清稗类抄》载林则徐择婿故事。林则徐和女婿沈葆桢皆兢兢业业。一次沈忙于公务,岁除不归,林嘱其誊抄公文,不尽如人意,再嘱再抄。天将拂晓而事毕,沈毫无愠怒之色,欣然成事而后快。于是林则徐引宋王安石名句说沈葆桢,云:

> 看似平常最奇崛;
>
> 成如容易却艰辛。

沈之处己、处事,用王安石的名句评价正恰当不过,甚至可以说王的诗句"仿佛为沈而赋此",王安石的诗亦因林、沈翁婿之事更加久传远播了①。由此可知,联语故事无不总成文化大观之新页。

此外,对联写法在和诗中亦常用,两首诗(词)看上去似成长联。例如南宋林逋和康伯可《惜别词》②:

> 吴山青,越山青,两岸青山相送迎,谁知离别情。
>
> 君泪盈,妾泪盈,罗带同心结未成,江头潮已平。(林逋
>
> 《惜别·长相思》)

---

① 参见陆家骥《对联新话》,广西师范大学出版社 2005 年 9 月第 1 版,第 46 页。
② 见[清]褚人获辑撰《坚瓠集》,上海古籍出版社 2012 年 12 月第 1 版,第二册,第 506 页。

南高峰，北高峰，一片湖光烟霭中，春来怨杀侬。

郎意浓，妾意浓，油壁车轻郎马骢，相逢九里松。（康伯

可对答词）

撰联应顾及史实，有华佗庙联，其一：

未劈曹颅千古恨，
曾医关臂一军惊。

其二：

岐黄以外无仁术，
汉晋之间有异书。

有人据《三国演义》华佗不给曹操治病和为关云长刮骨疗毒的故事，盛
赞其一。但二事不见于《三国志》，评者云："余谓'曹颅''关臂'事，皆
不见正史，不若后联之大方也。"①

---

① 参见[清]陆以湉《冷庐杂识》，冬青校点，上海古籍出版社 2012 年 12 月第 1
版，第 196 页。

主要参考书目

[1]〔法〕列维·布雷尔《原始思维》,丁由译,商务印书馆1981年1月第1版。

[2] 曹炜编著《简明现代汉语教程》,文史哲出版社2011年11月初版。

[3] 戴微著《中国音乐文化简史》,香港中和出版有限公司2011年10月第一版。

[4]〔清〕段玉裁《说文解字注》,上海古籍出版社1988年2月第2版。

[5] 冯天瑜、杨华、任放编著《中国文化史》,高等教育出版社2005年1月第1版。

[6] 何九盈、胡双宝、张猛主编《中国汉字文化大观》,北京大学出版社1995年1月第1版。

[7] 黄德宽等著《古汉字发展论》,中华书局2014年4月第1版。

[8] 黄敏学编著《中国音乐文化史》,中国人民大学出版社2013年1月第1版。

[9] 陆家骥编著《对联新话》,广西师范大学出版社2005年9月第1版,第46页。

[10] 陆宗达著《说文解字通论》,北京出版社1981年10月第1版。

[11] 吕叔湘著《汉语语法分析问题》,商务印书馆1979年6月第1版。

[12] 吕叔湘著《中国文法要略》,商务印书馆1982年8月新1版。

[13] 马建忠著《马氏文通》,商务印书馆1983年9月第1版。

[14]〔美〕摩尔根著《古代社会》(新译本),杨东莼、马雍、马巨译,中央翻译出版社2007年7月第1版。

[15] 彭德著《中华五色》,江苏美术出版社2008年8月第1版。

[16] 裘锡圭著《文字学概要》,商务印书馆1988年新1版。

［17］［清］阮葵生著《茶余客话》,李保民校点,上海古籍出版社 2012 年 12 月第 1 版。

［18］［美］爱德华·萨丕尔著《语言论》,商务印书馆 1985 年 2 月北京重排第 2 版。

［19］唐兰著《中国文字学》,上海古籍出版社 1979 年 9 月新 1 版。

［20］吴棠海著《中国古代玉器》,科学出版社 2012 年 4 月第 1 版。

［21］王宁、谢栋元、刘方著《〈说文解字〉与中国古代文化》,辽宁出版社 2000 年 1 月第 1 版。

［22］徐时仪著《语言文字》,南京大学出版社 2009 年 7 月第 1 版。

［23］［汉］许慎《说文解字》,中华书局 1963 年 12 月影印第 1 版。

［24］许威汉著《古汉语概述》(修订本),商务印书馆 2012 年 12 月第 1 版。

［25］杨德峰编著《汉语与文化交际》(修订本),商务印书馆 2012 年 2 月第 1 版。

［26］于省吾主编《甲骨文字诂林》第一册,中华书局 1996 年 5 月第 1 版。

［27］张德鑫著《数里乾坤》,北京大学出版社 1999 年 7 月第 1 版。

［28］张英、金书年主编《中国语文文化讲座》,北京大学出版社 2008 年 10 月第 1 版。

［29］赵浩如著《历代楹联选注》,上海古籍出版社 1985 年 8 月第 1 版。

［30］赵益著《古典术数文献述论稿》,中华书局 2005 年 9 月第 1 版。

插图目录

第 75 页。

图 12　清制大禹治水玉山（112 页）。采自窦广利编著《古玉六百问》，第 180 页。

图 13　曾侯乙编磬（117 页）。采自戴微《中国音乐文化简史》，第 63 页。

图 14　"河图""洛书"（133 页）。采自［宋］朱熹《原本周易本义》，《四库易学丛刊》本，上海古籍出版社 1989 年 11 月第 1 版，第 3 页下栏。

图 15　仰韶文化时期半坡遗址（上）、姜寨遗址（下）刻画（144 页）。采自《中国大百科全书·考古学》，第 601 页。

图 16　"史懋壶"铭文（146 页）。采自罗振玉《三代吉金文存》第三函卷十二第四十九页。共四十一字。上虞罗氏百爵斋印。南京大学图书馆古籍部藏。